사사기
혼돈시대를 살아가는 믿음

임봉대 지음

LIVING IN FAITH SERIES
JUDGES

Copyright © 2007 by Cokesbury

All rights reserved.
No part of this work may be reproduced or transmitted in any form or by any means, electronic or mechanical, including photocopying and recording, or by any information or retrieval system, except as may be expressly permitted in the 1976 Copyright Act or in writing from the publisher. Requests for permission should be addressed in writing to Permissions Office, 201 Eighth Avenue, South, P. O. Box 801, Nashville, TN 37202, or faxed to 615-749-6512.

Scripture quotations in this publication, unless otherwise indicated, are taken from THE HOLY BIBLE with REFERENCE Old and New Testaments New Korean Revised Version © Korean Bible Society 1998, 2000. Used by permission by Korean Bible Society. All rights reserved.

Writer: Pong Dae Im
Cover credit: © Joseph van Os / Getty Images

Nashville
MANUFACTURED IN THE UNITED STATES OF AMERICA

차 례

제1과 사사 옷니엘과 여장부 악사 ·················· 5

제2과 왼손잡이 사사 에훗 ·················· 12

제3과 드보라와 바락 ·················· 19

제4과 기드온과 아비멜렉 ·················· 25

제5과 입다 ·················· 33

제6과 삼손 ·················· 39

제7과 단 지파의 길 ·················· 48

제8과 베냐민 지파와의 전쟁 ·················· 56

제1과
사사 옷니엘과 여장부 악사
사사기 1장

1. 성경 이해

시대적 배경

사사기는 출애굽 한 이스라엘 백성을 이끌고 요단강을 건너가 약속의 땅을 차지하고 분배한 후의 이야기이다. 그리고 여호수아가 죽은 이후부터 이스라엘 왕국이 형성되기 이전까지 각 지파별로 제각각 활동하였던 혼란의 시기에 일어난 일들을 증거하고 있다.

사사기 1:1에서 "여호수아가 죽은 후에"라고 한 것은 사사기가 새로운 세대, 새 주인공들의 이야기임을 보여준다. 출애굽과 광야시대에는 모세가 이스라엘의 지도자였고, 가나안 정복시대에는 여호수아가 이스라엘의 지도자였는데, 사사시대에는 위기를 당할 때마다 하나님께서 사사를 세워 이스라엘 백성의 지도자가 되도록 하셨다.

그리고 출애굽과 광야시대와 가나안 정복 때까지는 이스라엘 12지파가 모세와 여호수아의 인도 하에 함께 행동한 것으로 나오는데, 사사기에서는 주로 이스라엘 각 지파의 개별적인 활동들이 나온다.

사사기에는 모두 12명의 사사가 나온다. 이들 12사사를 대사사와 소사사로 구분하는데, 이는 그들의 업적이 크고 작은 것으로 나눈 것이 아니라, 사사기 안에 있는 그들에 관한 내용이 길고 짧으냐에 따라 구분한 것이다.

대사사들은 옷니엘, 에훗, 드보라, 기드온, 입다, 삼손이고, 소사사들은 삼갈, 돌라, 야일, 입산, 엘론, 압돈이다. 삼갈은 대사사로 분류되기도 한다. 대사사들의 경우에는 전쟁영웅으로 그들의 전쟁수행과 관련된 활동을 기록하였기 때문에 많은 분량을 차지하고 있다. 소사사들은 전쟁에 관한 기록 없이 그들에 대해 짧게 언급만 하였다.

유다 지파의 우위성

사사기 1장에서 유다 지파가 이스라엘 12지파 중에서 제일 먼저 언급되고 있고, 유다 지파 출신의 사사 옷니엘이 갈렙과 함께 등장한다. 사사기의 서두인 1:1과 사사기의 마지막 부분이라고 할 수 있는 20:18에서 "누가 먼저 올라가서"라는 질문에 나온다. 그때 여호와께서는 "유다 지파"라고 말씀하셨다. 이렇듯 사사기의 처음과 마지막에 유다 지파가 지목된 것은 이스라엘 12지파 중에서 유다 지파의 우위성을 나타내는 것이다. 이를 통해 하나님께서는 모세의 뒤를 이어 여호수아를, 여호수아의 뒤를 이어서는 유다 지파를 이스라엘 백성의 지도자로 택하셨다는 것을 보여준다.

가나안 정복시대에는 여호수아가 모세의 뒤를 이었다면, 사사시대에는 갈렙이 속한 유다 지파가 제일 먼저 등장함으로써 다른 지파들보다 우위에 있다는 것을 암시하고 있다. 유다 지파에서 후에 다윗 왕이 등장하게 되고, 초기 이스라엘 역사는 사실상 다윗이 왕위에 오를 때까지

안정되지 못한 가운데 있었다. 사사기는 사사시대에 기록된 것이 아니라, 후에 이스라엘 왕국이 형성되고 난 이후에 초기의 역사를 정리하는 과정에 기록한 것이므로, 유다지파의 중요성이 강조되고 있는 것으로 보인다.

갈렙의 딸 악사

사사기 1장에서는 약속의 땅 남쪽에 위치한 유다와 시므온, 그리고 유다 지파에 속한 갈렙과 옷니엘의 활동을 다루고 있다. 여호수아와 갈렙은 광야시대에 이스라엘 정탐꾼 12명 중에서 약속의 땅 가나안으로 들어가도록 허락받았던 두 사람이다. 여호수아는 약속의 땅에서 소임을 다 하고 죽었지만, 아직 갈렙은 살아 있었다.

갈렙은 여호수아가 약속의 땅을 12지파에게 분배할 때에 아낙 자손들이 살고 있던 헤브론을 달라고 요청했다. 그때 갈렙의 나이가 벌써 85세였다. 그럼에도 그는 젊은이 못지않은 기백을 갖고 "이 산지를 내게 주소서" 라는 말로 여호수아에게 요청을 하였고, 갈렙은 헤브론을 정복했다. 믿음의 용사였던 갈렙에게 악사라는 딸이 있었다.

악사는 사사기에 언급된 첫 번째 여인으로 악사를 통해 사사기 때에 여자들이 어떤 상황에 있었는지를 보여준다. 악사는 기럇 세벨을 점령하는 사람에게 딸을 주겠다는 아버지 갈렙의 약속에 따라 옷니엘과 결혼하였다. 그러나 악사는 아버지의 뜻에 따라 결혼만 한 것이 아니라, 남편 옷니엘을 시켜 "자기 아버지에게 밭"을 구하라고 요청하고, 자기가 직접 아버지에게 가서 밭에 필요한 윗샘과 아랫샘까지 달라고 당차게 요구하는 여장부다운 모습을 보여준다. 물 없는 땅은 죽은 땅과 같다. 악사는 땅을 얻는 것으로 만족하지 않고, 마른 땅을 개간할 물을 찾아 그들 가족이 살 수 있는 최선의 길을 모색했다.

아버지 갈렙은 시집간 딸 악사의 요구대로 윗샘과 아랫샘을 옷니엘에게 주었다. 여기서 악사는 자기의 목표를 달성하기 위해 필요한 모든 방법을 동원하는 아주 적극적인 여성임을 보여준다. 악사는 남편 옷니엘에게 요청하기도 했지만, 필요한 것이 있으면 자기가 직접 나서서 일을 해결했다. 당시에 남자들이 절대적인 권위를 갖고 여자들의 삶을 주관했지만, 악사는 거기에 소극적으로 순종만 한 것이 아니라, 아버지와 남편의 뜻을 어기지 않으면서도 자기가 필요로 하는 땅과 물을 얻을 줄 아는 적극성이 있었다. 악사는 여호수아에게 헤브론을 달라고 적극적으로 요구했던 아버지 갈렙을 그대로 닮았던 것 같다.

후일 옷니엘이 최초의 사사로서 이스라엘 백성의 지도자가 되기까지는 여장부 같은 기개를 가진 악사의 내조가 큰 힘이 되었음을 짐작할 수 있다. 아버지 갈렙이 남자로서 이상적인 믿음의 사람이었다고 한다면, 딸 악사는 여자로서 이상적인 믿음의 표상이라고 할 수 있다.

최초의 사사 옷니엘 (사사기 3:1-11)

사사기 3장에 보면, 약속의 땅 가나안은 여호수아가 이스라엘 12지파에게 분배하였지만, 그 사이사이에 열국들을 남겨 두었다. 하나님께서 전쟁을 알지 못하는 세대들 사이에 열국을 남겨두신 것은 그들이 세상과 타협하지 않고 하나님의 말씀에 순종하는지를 시험하기 위함이었다.

사사기 3:7-11에 보면, 악사의 남편 옷니엘은 이스라엘 최초의 사사가 되어 이스라엘 자손을 8년간 억압했던 메소보다미아 왕 구산 리사다임을 물리치고 40년간 평화를 가져왔다. "여호와의 영이 그에게 임하셨으므로"(3:10) 라는 것은 옷니엘이 하나님의 초자연적인 능력과 지혜로 무장하였다는 뜻이다. 옷니엘은 1장에서 보는 것처럼 이미 용사였지만, 그의 승리는 자기 자신의 용맹보다 여호와의 영이 그에게 부어지고, 능력이 임하였기 때문이었다. 이렇듯 하나님께 붙들린 사람이 위대한 사람이 된다. 하나님께서는 오순절 다락방 사건을 통하여 예수 그리스도를 믿는 모든 사람에게 하나님의 성령이 임하게 하셨다. 옷니엘에 임하였던 하나님의 능력이 성령을 통하여 우리 모두에게도 주어짐을 믿고 담대하게 나아가야 한다.

2. 생활 속의 이야기

(1) 직장에서 해고당한 이가 절망하여 집으로 돌아 왔을 때, 아내가 반색을 하며 말했다. "드디어 당신이 문학을 본격적으로 할 기회가 왔군요. 해고당한 것이 얼마나 좋은 기회가 될지는 이제부터 나타날 것입니다."

아내는 남편을 격려한 뒤에 그 동안 모아 놓았던 돈을 꺼내 놓았다.

"이럴 줄 알고 당신 봉급에서 얼마씩 떼어 놓았어요. 당신이 명작 쓸 동안에 먹고 살 수 있어요."

이 사람이 바로 *주홍글씨*를 쓴 나다나엘 호오손이다.

(2) 영국 귀족 한 사람이 어떤 음모에 가담된 것이 탄로나자 피신하게 되었다. 그를 붙잡으러 온 경찰이 아내에게 물었다.
  "부인! 부인은 남편이 어디에 숨었는지 알 것입니다. 바른 대로 대시오."
  아내는 서슴지 않고 당당하게 말했다.
  "내가 남편을 숨겼소."
  이 고백으로 부인은 찰스 2세 앞으로 끌려가게 되었다.
  "그대가 남편을 숨겼다고 고백하였으니 대시오. 그대가 남편이 숨어 있는 곳을 말하면 집으로 갈 수 있소. 그러나 대지 않으면 그대는 집으로 돌아 갈 수 없을 것이오."
  "왕이시여! 대겠나이다. 내 남편은 내 마음속에 숨어 있습니다. 왕이 찾을 수 있는 곳은 내 마음속뿐입니다."
  왕은 아무 말도 못하고 부인을 돌려보내고 말았다.

3. 묵상을 위한 질문

  (1) 사사 옷니엘에게는 여장부 같은 아내 악사가 있었다. 나는 남편에게 어떤 아내인가? 혹은 나는 아내에게 어떤 남편인가?
  (2) 주의 일은 내 힘으로 하는 것이 아니라, 하나님께서 주시는 능력으로 하는 것이다. 유다 지파가 앞장서고, 옷니엘이 이스라엘 최초의 사사가 된 것은 갈렙 같은 믿음의 사람이 있었기 때문이다. 주의 일을 위하여 필요한 일이 있을 때 나는 담대하게 앞장설 수 있는가?

4. 결단에의 초청

하나님은 그때그때마다 필요한 사람들을 불러, 그들로 하여금 하나님의 일을 감당하게 하셨습니다. 출애굽 때에는 모세를, 가나안 정복 때에는 여호수아를 이스라엘의 지도자로 쓰셨습니다. 여호수아가 죽고 난 후에는 모세나 여호수아 같은 지도자가 일어나지 않았습니다.

그러나 하나님은 유다 지파를 앞장서게 하셨습니다. 그들에게는 갈렙 같은 믿음의 사람이 있었기 때문입니다. 하나님은 다른 지파들을 통해서도 이스라엘 백성의 지도자를 일으켜 세우셨습니다. 그들이 사사들입니다. 아무리 연약한 사람일지라도 하나님께서 붙잡으면 위대한 사람이 되었습니다.

우리에게는 이제 여호수아 같은 지도자가 없다고 낙담하지 마십시오. 우리 스스로가 지도자가 되어야 합니다. 지도자의 필요성을 느끼는 우리 스스로가 하나님께 붙잡힌 사람이 되도록 간구해야 합니다. 우리 한 사람 한 사람이 하나님 앞에서 지도자가 될 수 있습니다.

악사는 가부장적인 사회 속에서 수동적인 삶을 살아야 했던 한 여인이었지만, 자신의 삶을 적극적으로 개척했습니다. 아버지 갈렙의 뜻에 순종하면서도 악사는 자신에게 필요한 것이 무엇인지, 자기가 필요로 하는 것을 어떻게 구해야 하는지를 분명하게 알고 그것을 실천했던 여인입니다. 시대와 환경을 탓하기보다는 시대에 앞서가며 나 자신을 개척해 나아가는 믿음의 사람들이 됩시다.

제2과

왼손잡이 사사 에훗
사사기 2—3장

1. 성경 이해

　사사기 2:6에 "전에 여호수아가 백성을 보내매 이스라엘 자손이 각기 그들의 기업으로 가서 땅을 차지하였고"라는 말씀은 여호수아 12-24장의 전체 내용을 간략하게 요약하고 있다. 그러나 여호수아가 죽은 이후에 태어난 세대들은 이전 세대와 달랐다. "그 후에 일어난 다른 세대는 여호와를 알지 못하며 여호와께서 이스라엘을 위하여 행하신 일도 알지 못하였더라" (2:10).
　새로운 세대는 여호와가 이스라엘을 위해 행하신 일들을 피부로 느끼지 못한 세대들이다. 마치 요셉을 모르는 바로가 이스라엘을 박해한 것처럼 (출애굽기 1:8), 여호와를 모르는 세대는 여호와 보시기에 악한 일을 행하기 시작했다. 이는 마치 한국전쟁을 치른 세대와 전쟁을 알지 못하는 세대 사이에 이데올로기에 대한 세대간의 갈등이 있는 것과 같았다.
　새로운 세대들은 가나안 땅에 있는 우상들인 바알과 아스다롯을 섬기기 시작했다. 바알과 아스다롯은 가나안 농경문화와 관련된 풍요의 신들이다. 이스라엘 사람들은 여호와도 섬기고, 바알과 아스다롯도 섬기는 종교혼합주의에 빠지게 되었다.

"이스라엘 자손이 여호와의 목전에 악을 행하여 바알들을 섬기며 애굽 땅에서 그들을 인도하여 내신 그들의 조상들의 하나님 여호와를 버리고 다른 신들 곧 그들의 주위에 있는 백성의 신들을 따라 그들에게 절하여 여호와를 진노하시게 하였으되" (2:11-12).

여호와 하나님은 질투의 하나님으로 이것도 좋고 저것도 좋다는 식의 혼합주의 신앙을 용납하지 않으셨다. 그것은 여호와 하나님을 배신하는 행위였다. 이스라엘 백성이 범죄하여 하나님을 멀리할 때는 하나님께서 그들을 이방인들의 손에 넘겨주셨다. 이방인들의 침략으로 고통을 당하게 되자 이스라엘 백성은 울부짖게 되었고, 여호와께서는 그들의 신음 소리를 들으셨다. 이스라엘 백성을 불쌍히 여기신 하나님께서 사사를 보내어 이방인들의 손에서 그들을 구원해 내셨다.

(1) 이스라엘 백성의 범죄
(2) 이방민족들을 통한 하나님의 심판
(3) 이스라엘이 여호와께 부르짖음
(4) 사사를 통한 이스라엘 백성의 구원

이 네 가지 과정이 사사기에서는 계속해서 반복되고 있다. 이러한 순환과정은 사사시대에 이스라엘 백성이 평안할 때마다 하나님을 멀리하고 범죄하는 모습을 보여주고 있으며, 하나님께서는 범죄한 이스라엘을 심판하시기 위해 이방민족들의 손에 그들을 넘기지만, 그들이 완전히 멸망하도록 내버려두지 아니하시고 사사를 통하여 다시 그들을 구원하여 주신다는 것을 분명하게 보여주고 있다.

이것은 이스라엘 백성이 아직 왕국이 형성되기 이전의 어두운 혼돈시기에 이스라엘 백성이 반복해서 죄를 범하는 불신앙의 악순환을 보여주는 동시에, 이스라엘 백성의 죄를 심판하시되 계속해서 구원해 주시는 하나님의 놀라운 은총을 보여주고 있다.

사사 에훗

　　에훗은 베냐민 지파 사람으로 사사기에서 두 번째 사사로 등장한다. 에훗은 왼손잡이였다. 왼손잡이란 신체적인 약점이 있는 자란 뜻으로, 약한 자를 들어 강한 자를 부끄럽게 만드시는 하나님의 섭리를 깨달을 수 있다.

　　옷니엘 사사로 인하여 40년 동안 평안했던 이스라엘 백성이 옷니엘이 죽자 다시 악을 행하기 시작했다. 모압 왕 에글론이 암몬과 아말렉 자손들과 함께 이스라엘을 쳐서 종려나무 성읍을 점령했다. 종려나무 성읍이란 사막의 오아시스 같은 곳으로 삶의 터전이 있는 곳이다. 학자들은 이 종려나무 성읍이 여리고 라고 말하기도 한다. 이스라엘 자손이 18년 동안 모압 왕을 섬기게 되었다.

　　이스라엘 백성이 이렇게 고통을 당하는 것은 모압 같은 이방민족의 침략 때문이 아니라, 하나님에 대한 자신들의 범죄 때문이었다. 문제가 생길 때마다 그 원인을 밖에서만 찾으려고 하는 사람이 있다. 이것은 문제를 해결할 수 있는 바른 방법이 아니다. 문제의 원인은 내 안에 있다는 사실을 깨닫고 하나님 앞에 엎드리는 것이 중요하다.

　　이스라엘 백성이 부르짖자 하나님께서 그들을 위하여 한 구원자를 세웠으니 그가 베냐민 지파 사람으로 왼손잡이인 에훗이었다. 에훗은 한 규빗 되는 칼을 오른편 다리 옷 속에 숨기고 모압 왕을 찾아가 공물을 바치는 척하다가 그를 찔러 죽였다.

규빗은 이스라엘의 측량단위로 어른의 팔꿈치에서 손끝까지의 길이를 말한다. 짧은 규빗은 대략 45cm(18인치)이고, 긴 규빗은 52cm 정도인데, 이스라엘에서는 짧은 규빗을 썼다. 에훗이 찌른 칼은 뚱뚱한 모압 왕 에글론의 배에 칼자루까지 들어가 그 끝이 등 뒤까지 나왔다고 했다. 모압 왕을 죽인 에훗은 나팔을 불어 이스라엘 백성을 일깨우고 그 기세를 몰아 하루아침에 모압 사람 일만 명을 죽이는 대승을 거두었다.

왼손잡이였던 에훗에게 하나님께서 친히 오른손이 되어 주셨다. 자신의 부족한 부분을 하나님께서 채워주심으로 에훗은 더욱 강한 자가 될 수 있었던 것이다. 에훗은 "남들은 다 오른손잡이인데, 왜 나만 왼손잡이일까" 하는 마음으로 낙심하지 않았다. 에훗은 자신의 약함에 머무르지 않고, "하나님께서 나의 강한 능력의 오른손입니다" 라는 담대한 믿음으로 나아가 모압 왕을 죽이고, 이스라엘 백성을 일깨우는 놀라운 일을 하였다. 사도 바울에게도 육체적인 가시가 있었다. 이 가시로 인해 늘 자신의 연약함을 느껴야 했다. 그래서 고쳐달라고 간구했다. 자신의 연약함을 통해 끊임없이 주님의 능력을 구하고 간구하니 하나님의 능력이 그를 더욱 강하게 만들었다.

에훗이 혼자서 모압 왕을 죽인 사건은 어두운 압제 아래에서 잠자고 있던 모든 이스라엘 백성을 일깨우는 나팔과도 같았다. 에훗의 거사로 이스라엘 백성은 다시 정신을 차리게 되었고, 하나님의 백성으로서의 자신들의 모습을 되찾을 수 있었다. 이렇듯 역사는 잠자고 있는 대중보다 깨어 있는 한 사람을 통해 새롭게 변화되고 발전하여 나아간다.

그러나 꼭 에훗처럼 영웅적인 일을 해야만 하나님의 사람이 되는 것은 아니다. 3대 사사인 삼갈은 혼자 블레셋 사람 600명을 죽였다. 에훗이 행한 일과 비교하면 작은 일이었지만, 하나님은 사사기 3:31에 "그도 이스라엘을 구원하였더라" 하고 인정하셨다. 진정한 믿음의 사람은 영웅이나 스타가 되려고 하기보다는 어떤 모습으로든지 있는 모습 그대로, 내가 가지고 있는 것으로 하나님께 쓰임받기를 원하는 사람이다.

2. 생활 속의 이야기

(1) 미국 아칸소주의 주도인 리틀록에서 심각한 인종분쟁이 있었다. 백인 학생들은 교문에서 흑인 학생들의 등교를 막았다. 계속 무력 충돌로 심한 부상자들이 속출하고 있었다. 나중에는 도시 전체가 전쟁터가 되었다.

온갖 공포 분위기였다. 이런 보고를 아이젠하워 대통령이 받았다. 치안을 유지하기 위하여 군대를 파견하여야 한다는 보고였다. 그러나 대통령은 고개를 저었다.

"내가 직접 그곳으로 가겠소."

아이젠하워는 위험을 무릅쓰고 그곳으로 그것도 혼자 갔다. 그리고 한 흑인 학생의 손목을 잡고 교문으로 들어섰다. 어느 누구도 못 들어가게 할 수가 없었다. 이런 사건으로 흑인과 백인이 화해하고 하나가 되었다.

(2) 월남 전쟁이 치열하게 벌어지고 있던 때, 미군병사 한 사람이 지뢰를 밟아 그만 한쪽 다리가 날아가 버렸다. 부상당한 병사는 일그러진 얼굴로 살려달라고 애원했다. 주변에 많은 병사들이 있었지만 누구 하나 선뜻 나서서 죽어 가는 동료를 구출해 내지 못했다. 자칫 잘못하면 또 다른 지뢰를 밟게 될 수도 있기 때문이었다. 그저 발만 동동 구르며 서로의 얼굴을 바라보고 있을 뿐이었다. 그때 천천히 뚜벅뚜벅 지뢰밭에 걸어 들어가는 사람이 있었다. 그는 그 부대의 최고 지휘자인 사령관이었다. 군인들은 숨죽인 채로 사령관의 움직임을 지켜보았다.

위험을 무릅쓰고 지뢰밭에 들어간 사령관은 마침내 부상당한 부하를 등에 업고 안전지대로 탈출했다. 이 사건 이후 그의 지휘하에 있는 모든 장병들은 그를 자랑스럽게 여겼고, 그에게 진심으로 충성을 다했다. 그 사령관이 바로 훗날 걸프 전쟁의 영웅이 된 노만 슈와츠코프 장군이다. 슈와츠코프는 20세기 최고의 탁월한 군사전략가 중 한 사람이다. 그러나 그가 수많은 전쟁에서 승리할 수 있었던 결정적인 요인은 그의 개인적인 명석함이 아니라 그가 이끌고 있던 부하들의 절대적인 신뢰와 충성심이었다.

3. 묵상을 위한 질문

(1) 나는 평안함 때문에 신앙생활이 나태해진 적은 없었는지 생각해 보자.

(2) 나의 약점은 무엇일까? 나의 약점 때문에 낙심한 적은 없었는가? 약점을 놓고 하나님께 기도하자.

4. 결단에의 초청

사사시대 풍습에 의하면, 오른손을 못 쓰는 사람은 약점이 있는 사람이었습니다. 그러나 에훗은 자신의 약점 때문에 낙심하지 않았습니다. 하나님께서 에훗의 오른손이 되어 주셨습니다. 이스라엘 백성이 죄악에 물들어 영적으로 깨어 있지 못하고 어둠 속에서 방황할 때에 에훗은 큰일을 했습니다.

모압 왕 에글론을 죽이는 거사를 행함으로 이스라엘 백성을 일깨웠습니다. 백성들로 하여금 자기 자신을 돌이켜 볼 수 있도록 하였습니다. 이스라엘 백성이 고통을 당한 것은 이방민족의 침입 때문이 아니라, 그들 스스로가 하나님으로부터 멀어졌기 때문이었습니다. 하나님을 바르게 알고 하나님의 말씀에 순종하는 사람이 될 때 어떤 어려움도 극복할 수 있는 힘과 능력을 얻게 됩니다.

이제는 평안하다는 마음으로 우리의 신앙을 나태하게 하는 일이 없어야 합니다. 다윗이 한가롭게 옥상을 거닐다 밧세바의 벗은 몸을 보고 범죄한 것처럼 한가한 마음에는 언제든지 세상의 유혹이 스며들어 올 수 있습니다. 평안할 때는 하나님의 말씀을 통하여 늘 자신을 경계하고, 어려움이 닥쳤을 때는 하나님이 나와 함께 하신다는 믿음을 갖고 낙심하지 말고, 그 어려움을 극복해 나가야 합니다.

그리고 영웅이 되려고 하기보다는 언제 어느 때든지 내 모습 이대로, 내가 가진 것으로 하나님께 쓰임받기를 간구합시다. 하나님께 붙잡힌 사람은 나의 능력이 아니라 성령을 통하여 역사하시는 하나님의 능력으로 주의 일을 감당할 수 있는 힘을 얻게 됩니다.

제3과
드보라와 바락
사사기 4—5장

1. 성경 이해

사사기 4:1-3은 이스라엘의 범죄와 이방인을 통한 하나님의 심판, 이스라엘 백성의 부르짖음이라고 하는 반복적인 도식을 일목요연하게 압축해서 보여준다. 여호와 하나님은 사사 에훗이 죽은 후에 또다시 악한 일을 행하는 이스라엘을 징계하기 위해 하솔을 다스리는 가나안 왕 야빈의 손에 그들을 내주셨다.

하솔은 갈릴리 북부에 있는 도시로 고고학자들에 의해 발굴이 되었는데, 매우 크고 강한 성읍이었다는 것이 밝혀졌다. 야빈의 군대장관은 시스라요, 철 병거 구백 대를 갖고 20년 동안 이스라엘 백성을 심하게 학대하였다.

여선지 드보라

그때에 여선지 드보라가 이스라엘의 사사가 되었다. 랍비둣의 아내인 드보라가 종려나무 아래 앉아 있을 때 사람들이 나아와 재판을 받았다. "재판을 받는다"는 말과 "사사"라는 말은 히브리어로 같은 어원을 갖고 있다.

드보라는 주로 에브라임 산지를 중심으로 활동하였는

데, 남쪽에서 활동한 유다 지파의 사사 옷니엘과 베냐민 지파 에훗을 볼 때, 사사기의 이야기 전개가 남쪽에서 점차 북쪽으로 나아가고 있는 것을 보여준다.

사사기 4-5장에는 크게 세 그룹의 등장인물이 나온다. 첫째 그룹은 이스라엘의 사사인 드보라와 바락 장군이고, 두 번째는 가나안 왕 야빈과 군대장관 시스라이며, 세 번째는 겐 족속의 헤벨과 야엘이다. 이들은 각기 삼각형의 한쪽 면을 이루면서 상호연관성을 이루고 있다.

가나안 장군 시스라와 이스라엘 군대의 대결은 사사시대에 있었던 전쟁 중 가장 큰 대규모의 전쟁이라고 할 수 있다. 역사적으로도 이스라엘이 이 전쟁에서 승리함으로써 가나안 땅에 확실하게 뿌리를 내리는 발판을 마련하였다고 볼 수 있다. 이와 같은 큰 전쟁에서 이스라엘이 거둔 승리는 어느 한 사람에 의한 것이 아니라, 드보라와 바락, 그리고 야엘의 협력을 통해 이루어졌으며, 그 배후에는 서로 협력하여 승리하게 하시는 여호와 하나님의 섭리가 있음을 보여준다.

바락과 가나안 장군 시스라

사사기 4:6-10에 드보라가 바락에게 "하나님 여호와께서 이같이 명령하지 아니하셨느냐 너는 납달리 자손과 스불론 자손 만 명을 거느리고 다볼 산으로 가라"고 말했다. 넓은 이스르엘 평원을 가운데 두고 바락이 이끄는 이스라엘 군대는 다볼 산에 진을 치고 시스라와 그 병거들은 기손 강가에 진을 쳤다.

해발 533미터의 다볼 산은 시스라의 철 병거를 피할 수 있는 좋은 전략적인 장소였지만, 기손 강은 우기인 겨울철이면 범람하기 쉬운 하천이었다. 하나님은 폭우를 내려 시스라의 철 병거를 꼼짝 못하게 함으로써 바락이 이끄는 이스라엘 군대가 승리하도록 도우셨다. 사실 이스라엘 군대는 시스라의 가나안 연합군대와 비교할 때 절대적으로 열세였다. 그럼에도 드보라와 바락이 이끄는 이스라엘 군대가 이길 수 있었던 것은 하나님을 향한 믿음의 확신이 있었기 때문이다.

시스라는 산에서 쏟아져 내리는 폭우로 병거바퀴가 갯벌에 파묻혀 꼼짝도 못하게 되자 병거를 버리고 발로 도망쳤다. 오늘날의 전차와도 같은 강력한 무기였던 병거가 분초를 다투는 도주 길에 아무 소용이 없게 된 것이다.

시스라를 죽인 여인 야엘

시스라는 지친 몸을 이끌고 겐 사람 헤벨의 아내 야엘의 천막 안으로 피신하였다. 시스라가 야엘의 천막으로 도주한 것은 야엘의 남편 헤벨과 하솔 왕 야빈이 가깝게 지내는 사이였기 때문이었다. 시스라가 야엘의 천막 안으로 들어가 우유를 마시고 잠이 들자 야엘이 그의 머리에 말뚝을 박아 죽였다. 야엘이 자기 천막에 들어온 시스라를 왜 죽였는가에 대해서는 여러 가지 의견이 있다. 특히 유목민들은 자기 집에 찾아오는 손님을 환대하는 것이 가장 중요한 관습 중 하나였기 때문에, 야엘의 행동을 부정적으로 이해하는 사람들도 있다.

그러나 야엘은 겐 사람이다. 겐 사람은 유목민으로 일찍부터 이스라엘과 밀접한 관계를 갖고 있었으며, 여호와 하나님에 대한 뿌리 깊은 신앙을 갖고 있었다. 그래서 후에 사울이 아말렉 족속을 공격할 때에도 겐 족속은 피하라고 먼저 말했던 것이다. 하나님께서는 가나안의 압제로부터 이스라엘을 구원하기 위해 야엘이라는 한 여인을 통하여 역사하신 것이다.

한편 여성신학자들은 남자가 여자 천막에 뛰어들어 왔기 때문에 야엘은 혼외정사라는 의심을 씻기 위해 시스라를 죽였다고 이해한다. 베두인의 사회에서 손님 접대는 가장의 몫인데, 남자가 여인의 침실에 침입한 것은 관용의 예를 범한 것이기 때문에, 야엘이 간음의 누명을 쓸 수 있게 되어 정당방위를 위해 시스라를 살해했다는 것이다.

사사기 5장은 드보라가 전쟁에서 승리한 것을 기념하여 하나님의 구원을 노래한 찬양으로 모세가 이스라엘 백성을 이끌고 홍해를 건넌 후 불렀던 미리암의 노래(출 15장)와 비교해 볼 수 있다. 여기서 드보라는 전쟁에 참여한 지파들을 칭찬하면서 전쟁에 참여하지 않은 지파들을 비판하고 있다. 특별히 드보라는 이스라엘 자손이 아니면서도 가나안 장군 시스라를 죽여 이스라엘의 승리에 결정타를 날린 겐 족속 여인 야엘을 축복하였다: "야엘은 다른 여인들보다 복을 받을 것이니" (사사기 5:24).

가나안의 군대장관이었던 시스라가 여사사 드보라가 이끄는 군대에 의해 패하고, 결국 야엘이라는 한 여인의 손에 의해 죽임을 당했다는 사실에서 우리는 다시 한번 약한 자를 들어 강한 자를 부끄럽게 만드시는 하나님의 놀라운 능력을 깨닫게 된다. 결국 하나님은 드보라와 바락, 그리고 야엘이 서로 협력하여 이스라엘 군대가 시스라의 군대를 이길 수 있도록 역사하셨다.

2. 생활 속의 이야기

 바다 거북은 산란기가 되면 바닷가로 올라와 보통 500개 이상의 알을 낳는다. 거북이는 깊은 웅덩이를 파고 알을 낳은 후 모래로 알을 덮어 놓는다. 그런데 거북이가 알에서 깨어나 모래를 밀치고 올라오는 과정을 보면 놀라울 정도로 신기하다.
 거북이 새끼들은 철저하게 역할 분담을 한다. 맨 위의 거북이가 모래를 파며 올라간다. 중간의 새끼 거북이들은 그 모래를 밑으로 내려 보낸다. 맨 밑에 있는 거북이는 모래를 자꾸만 밟아서 다진다. 위의 모래가 아래로 다져지며 거북이는 위로 올라온다. 거북이 알 한 개를 묻으면 살아 나올 확률이 25% 정도이다. 그러나 같이 묻으면 모두가 밖으로 나오게 된다. 이렇듯 협력은 아름다운 것이다.

3. 묵상을 위한 질문

 (1) 하나님은 시스라와의 전쟁에서 드보라와 바락, 그리고 야엘이 서로 협력함으로 이스라엘이 승리하도록 하셨다. 이 전쟁을 통하여 하나님은 어떻게 역사하셨는가?
 (2) 유목민들에게는 손님접대(Hospitality)라는 좋은 미덕이 있다. 그럼에도 야엘은 목숨을 구하기 위해 자기 천막으로 도망쳐온 시스라를 죽였다. 왜 야엘이 시스라를 죽일 수밖에 없었는지 그녀의 믿음과 행동에 대해서 생각해 보자.

4. 결단에의 초청

전쟁의 말발굽 소리와 전차 소리가 천지를 진동할 때에 하나님께서는 드보라 라는 한 여인을 통하여 이스라엘 백성에게 구원의 빛을 던져 주셨습니다. 이스라엘 군대는 가나안 장군 시스라의 연합군대와 비교할 때 지극히 보잘 것 없었지만, 사사 드보라와 장군 바락의 협력을 통하여 가나안 연합군을 기손 강가에서 통쾌하게 무찔렀습니다. 병거를 버리고 발로 도망치던 시스라는 자기 장막(집)에 거하고 있던 한 여인 야엘의 손에 죽임을 당했습니다.

이 전쟁은 서로 협력하여 선을 이루는 하나님의 능력이 빛을 발한 전쟁이었습니다. 도저히 감당하기 어려운 위험에 처하였다고 두려워하거나 절망하지 말아야 합니다. 성도는 환경을 바꾸려는 사람이 아니라, 믿음을 통하여 자신을 변화시키는 사람입니다. 내가 변할 때 환경도 바뀝니다. 내가 변할 때 세상도 달라집니다.

드보라와 바룩은 믿음으로 담대하게 나갔습니다. 하나님의 말씀을 믿었기 때문입니다. 야엘은 자기 장막에 거하는 가정주부와도 같은 평범한 여인이었습니다. 그러나 그녀에게는 여호와 하나님에 대한 믿음이 있었습니다. 전쟁의 소문도 들었습니다. 이 전쟁이 어떤 전쟁인지, 자기가 해야 할 일이 무엇인지를 알았습니다.

하나님은 각자의 위치에서 자기 역할에 충실한 사람을 필요로 하십니다. 하나님은 서로 자기 일에 충실한 사람들을 모두 하나로 묶어 놀라운 일을 이루게 하십니다.

제4과
기드온과 아비멜렉
사사기 6—9장

1. 성경 이해

사사기 6장 서두에 보면, 이스라엘 자손은 또 다시 악한 일을 행하였다. 5장에서 여호와 하나님을 칭송하던 이스라엘 자손이 "또 여호와의 목전에 악을 행하였으므로 여호와께서 칠 년 동안 그들을 미디안의 손에 넘겨 주시"었다 (6:1). 이스라엘이 미디안 사람들의 손에 고통을 당하게 된 것은 반복적이고 만성적인 불순종의 대가였다.

미디안 사람들의 침략

미디안 사람들이 아말렉 사람과 동방 사람들과 함께 이스라엘을 침략했다. 미디안 사람은 아카바 지역에 살던 유목민들인데 낙타를 이용해 팔레스타인 중부지역까지 쳐들어 온 것이다. 아말렉 사람은 시내반도 북쪽에 사는 유목민들로 출애굽을 한 이스라엘 백성이 광야에서 최초로 부딪쳐 싸움을 했던 약탈자들이다 (출애굽기 17:8-16). 이들을 통칭해 동방 사람들이라고 부르는데, 이들은 "가축 떼를 몰고 장막을 가지고 메뚜기 떼처럼 쳐들어왔는데, 사람과 낙타가 이루 셀 수 없을 만큼 많았다" (6:5). 이스라엘 백성이 고난을 당하게 되자 다시 여호와 하나님께 부르짖었다. 6절에서 부르짖었더라는 뜻의 히브리어 원어는 "자아크"인데, 이는 출애굽기 2:23에 애굽에서 고통당하던 이스라엘 백성의 부르짖음과 같은 단어이다. "자아크"는 억압받고 고통당하고 있는 상태에서 구원받기를 바라는 호소를 뜻하는 부르짖음이다.

증거를 구하는 기드온

그때 하나님의 천사가 기드온에게 나타났다. 기드온은 미디안의 습격에도 불구하고 몰래 포도주 틀에서 밀 이삭을 타작하는 용기가 있었다. 하나님께서는 기드온에게 "너는 가서 이 너의 힘으로 이스라엘을 미디안의 손에서 구원하라 내가 너를 보낸 것이 아니냐" (6:14) 하고 명하셨다. 기드온은 하나님의 말씀에 따라 오브라에 있는 바알 제단을 헐고 그 곁에 서 있는 아세라 상을 찍어버리고, 그 곁에 여호와 제단을 만들어 수소를 번제물로 바쳤다. 다음날 아침 성읍 사람들이 자기들의 제단이 허물어진 것을 알고 기드온을 죽이려고 달려들었다. 그때 아버지 요아스가 "바알이 과연 신일진대 그의 제단을 파괴하였은즉 그가 자신을 위해 다툴 것이니라" (6:31) 라고 제안함으로써 위기를 모면하였다. 이 사건으로 기드온은 "바알이 싸우게 하여라"는 뜻으로 "여룹바알"이라 불리게 되었다.

그러나 기드온은 날 때부터 이렇듯 큰 용사는 아니었다. 하나님으로부터 소명을 받았을 때는 여러 가지 이유를 대면서 빠져나가 보려고 했고, 나팔을 불어 군대를 모아 전쟁에 임할 때에도 먼저 하나님의 약속을 직접 눈으로 확인하려고 계속 시험하였다. 처음에는 양털 뭉치에만 이슬이 내리고 주변 땅은 마르게 해달라는 것이었고, 다음에는 그와 정반대로 양털 뭉치만 마르고 주변 땅은 이슬로 젖게 해달라는 것이었다.

기드온이 지나치게 "증거"와 "시험"을 요구한 것이 아닌가 하는 생각이 들지만, 하나님께서는 기드온이 원하는 대로 다 응답해 주심으로 기드온에게 분명한 확신을 심어 주셨다. 다소 우유부단했던 기드온을 강한 용사로 만든 것은 결국 하나님이셨다.

기드온과 이스라엘의 300 용사

기드온의 군대는 길보아 산 북쪽 산기슭 아래 있는 하롯 샘가에 진을 쳤고, 미디안 사람들은 거기서 북쪽 골짜기에 있는 모래 언덕에 진을 쳤다. 하나님은 기드온의 군대의 수가 많아서 스스로 자만할까봐 수를 줄이라고 하셨다. 기드온은 군대의 수를 줄이기 위해 두 단계의 과정을 거치게 된다.

우선 누구든 무서워하거나 자신이 없는 사람은 자진해서 고향으로 돌아가도록 했다. 이스라엘 백성의 전쟁은 하나님이 함께 하시는 성전(Holy War)이어서 성전에 임하는 군사들은 무엇보다도 하나님이 우리와 함께 하신다는 확고한 믿음으로 자신감을 가져야 했다. 두려워한다는 것은 하나님이 함께 하심을 믿지 못하는 불신앙의 증거였다. 이렇게 해서 2만 2천명이 돌아가고 1만 명만 남았다.

두 번째로, 병사들을 물가로 데려가 물을 마시게 해서 주위를 살피며 조심스럽게 물을 떠 마시는 사람 300명만 선택받게 되었다. 나머지 무릎을 꿇고 편하게 물을 마시는 사람들은 다 돌려보냈다.

기드온은 300명의 군사들을 100명씩 세 대열로 나누어 야간에 기습공격을 감행하여 미디안 족속을 풍비박산 나게 만들었고 도주하는 미디안 병사들을 요단 동편까지 추격하여 다볼에 있는 그의 친척들을 죽인 미디안 왕 세바와 살문나를 잡아 죽였다. 기드온이 그들을 끝까지 추격한 이유는 친척들의 복수를 갚기 위한 것도 있었다.

기드온의 잘못

기드온이 미디안 군을 완전히 물리치고 돌아오자 이스라엘 백성은 기드온을 왕으로 추대하려고 했다. 기드온은 오직 여호와 하나님만이 우리의 왕임을 강조하면서 거절했지만, 백성이 얻은 전리품으로 모은 금귀고리 하나씩을 요청해 에봇을 만들어 오브라 성에 두었다. 에봇은 본래 대제사장이 겉옷에 입는 예복(출애굽기 28:5-6)으로 기드온은 하나님의 임재를 상징하는 에봇을 통해 신탁을 얻기 위해 오브라에 있는 여호와의 신전에 바쳤다. 그런데 문제는 사람들이 에봇을 우상화하였다. 매사에 눈으로 확실한 증거를 보기 원하는 기드온의 태도가 결국 이스라엘 백성으로 하여금 눈에 보이는 것을 섬기게 하고 말았다.

아비멜렉의 범죄와 최후

기드온은 70명의 자녀를 두었는데, 그 중에 세겜에 있는 첩 사이에서 태어난 아들의 이름이 아비멜렉이다. "아비멜렉"이란 "나의 아버지는 왕이다"는 뜻으로 기드온이 당시 왕은 아니었지만, 막강한 권력을 행사했던 것으로 보인다. 기드온이 죽고 난 다음 이스라엘 자손은 또 다시 바알을 섬기기 시작했다. 그리고 기드온의 아들 아비멜렉이 자진해서 왕이 되겠다고 나섰다. 아비멜렉은 세겜 성읍의 지도자들이 바알브릿 신전에서 꺼내준 은 70냥을 갖고 건달과 불량배들을 고용하여 기드온의 아들 70명을 한 바위 위에서 죽였다. 세겜 사람들은 아비멜렉을 왕으로 삼았다.

이때 기드온의 막내아들 요담은 숨어 있다가 목숨을 구했는데, 아비멜렉이 왕이 되었다는 소식을 듣고 그리심 산에 올라가 세겜 사람들에게 외쳤다. 요담은 좋은 열매를 맺는 감람나무, 무화과나무, 포도나무는 왕이 되는 것을 거절했는데, 아무 쓸모없고 해만 되는 가시나무가 왕이 되겠다는 우화를 통해 아비멜렉이 왕이 된 것을 비판했다.

아비멜렉은 3년 동안 이스라엘을 다스렸지만, 그의 통치는 세겜 지역에 국한되었던 것 같다. 후에 아비멜렉이 데베스 성을 공격하러 갔을 때 망대 문에 이르러 불을 지르려고 하다가 한 여인이 던진 맷돌 위짝에 맞았다. 바위 위에서 자기 형제들을 죽인 아비멜렉은 결국 여인이 던진 맷돌에 맞아 죽게 되었다. 아비멜렉은 여자에게 죽었다는 소리를 듣지 않기 위해 옆에 있는 병사로 하여금 자기를 찌르게 했다. 사사기 9:56에서 "아비멜렉이 그의 형제 칠십 명을 죽여 자기 아버지에게 행한 악행을 하나님이 이같이 갚으셨"다고 함으로써 자기가 뿌린 죄악의 부메랑에 맞아 죽은 것으로 결론을 내렸다.

기드온과 아비멜렉의 관계는 이스라엘 왕국이 형성되기 이전의 과도기 때 보여준 모습이었다. 아비멜렉을 통한 왕정제도의 실패는 아직 이스라엘이 온전한 왕국을 세울 때가 이르지 않았다는 것을 보여준다.

2. 생활 속의 이야기—승자와 패자

(1) 승자는 새벽을 깨우고,
    패자는 새벽을 기다린다.
(2) 승자는 넘어지면 일어나서 앞을 보고,
    패자는 넘어지면 일어나 뒤를 본다.
(3) 승자는 구름 위의 태양을 보고,
    패자는 구름 속의 비를 본다.
(4) 승자는 눈을 밟아 가며 길을 만들고,
    패자는 눈이 녹기를 기다린다.
(5) 승자의 주머니 속에는 꿈이 있고,
    패자의 주머니 속에는 욕심이 있다.
(6) 승자는 몸을 바치고,
    패자는 혀를 바친다.
(7) 승자는 실수했을 때 내가 잘못하였다고 말하고,
    패자는 실수했을 때 너 때문에 그렇게 되었다고 말한다.
(8) 승자의 입속에는 솔직함이 있고,
    패자의 입속에는 핑계만 있다.
(9) 승자는 패자보다 더 열심히 일하면서 시간의 여유가 있고,
    패자는 승자보다 게으르지만 늘 바쁘다.
(10) 승자는 더 나은 일이 있을 것이라고 생각하지만,
     패자는 갈수록 태산이라고 생각한다.
(11) 승자는 강한 자에게 강하고 약한 자에게 약하다.
     그러나 패자는 강한 자에게는 약하고 약한 자에게는 강하다.

(12) 승자가 즐겨쓰는 말은 "다시 한번 해보자"는 말이다.
그러나 패자가 자주 쓰는 말은 "해봐야 별 수 없다"이다.
(13) 승자는 문제 속으로 뛰어 들지만,
패자는 문제 주위에서 맴돈다.
(14) 승자는 꾸중하면서도 용서하지만,
패자는 꾸중하기에는 자신이 없고 용서하기에는 너무 옹졸하다.
(15) 승자는 달려가며 계산하고,
패자는 출발하기도 전에 계산부터 한다.

3. 묵상을 위한 질문

(1) 우리도 신앙생활을 하면서 기드온처럼 눈에 보이는 확실한 증거를 구할 때는 없는가 생각해 보자. 성경에서 표징을 찾기보다 먼저 순종하기를 요구하는 사례들을 살펴보자.

(2) 우리가 일을 처리함에 있어서 합리성과 꼼꼼함 등은 결코 나쁜 것이 아니다. 그럼 어떻게 해야 신앙과 합리성, 믿음과 치밀한 계산 등을 조화롭게 할 수 있는가?

(3) 아비멜렉이 왕이 되기 위해 자기 고향사람들인 세겜 사람들을 부추겼다. 자신의 권력과 욕심을 위해 지역주의를 부추기고 차별하는 행위에 대한 대처방법에는 어떤 것이 있을까 생각해 보자.

4. 결단에의 초청

기드온은 위대한 용사요, 사사로서, 이스라엘 백성을 미디안의 손에서 구원하였습니다. 기드온이 큰 용사가 된 것은 하나님께서 그를 붙잡아 주셨기 때문입니다. 사실 기드온은 매사에 하나님께 눈에 보이는 증거를 구하였습니다. 하나님은 그런 기드온의 요구도 들어주셨습니다. 그것은 기드온의 요구가 정당했기 때문이 아니라 이스라엘 백성을 미디안의 손에서 구원해야 하는 하나님의 사랑 때문이었습니다.

기드온은 전쟁에 승리하고 나서 왕이 되지 않는 겸손함을 보이지만 눈에 보이는 증거를 찾는 습성은 버리지 못했습니다. 하나님의 임재의 증거로 금 에봇을 만들었는데, 이것이 이스라엘 백성에게는 우상이 되어 버리고 말았습니다.

우리도 하나님을 믿는다고 하면서 늘 눈에 보이는 증거를 찾는 것은 아닙니까? 눈에 보이는 증거를 찾는 것은 결국 우상숭배와 다를 바가 없습니다.

히브리서 11:1에, "믿음은 바라는 것들의 실상이요 보지 못하는 것들의 증거" 라고 했습니다. 믿음은 보지 못하는 것들을 바라보며 신뢰할 수 있는 용기입니다. 그렇다고 기독교신앙이 합리성이 결여된 맹목적인 신앙은 아닙니다. 그러나 믿음은 인간의 합리성과 계산을 뛰어넘는 초월성이 있음을 인정하는 것입니다.

제5과
입다
사사기 10—12장

1. 성경 이해

  에훗이 왼손잡이라는 핸디캡을 극복하고 이스라엘의 사사가 되었다면, 입다는 불우한 환경을 이기고 이스라엘의 사사가 되었다. 입다는 길르앗이 창녀에게서 낳은 아들로 이복형제들에 의해 집에서 쫓겨나 돕이란 땅에서 살았다. 이스라엘에서는 후처의 자녀는 집안에서 유산을 상속받을 수 있는 권한을 보장받지만, 창녀의 자녀에게는 아무런 법적인 권한이 없었다.
  아비멜렉이 죽은 후에 잇사갈 지파의 돌라와 길르앗 사람 야일이 사사로 있었다. 그리고 난 후 이스라엘 자손은 또 다시 여호와를 버리고 이방신을 섬기기 시작하였다. 여호와께서 진노하셔서 이번에는 이스라엘 자손을 암몬 사람의 손에 넘겨 18년 동안 억압을 받게 하신 것이다. 그러자 이스라엘 백성이 다시 하나님께 부르짖었다.

입다를 찾아 온 길르앗 장로들

  하나님께서는 이번에도 이스라엘 백성의 고통을 돌아보시고 그들을 구원하고자 하셨다. 이스라엘 자손을 암몬 사람의 손에서 구원한 사사는 입다였다. 그러나 다른 사사들의 경우 하나님께서 직접 구원자로 세우셨는데, 입다의 경우는 길르앗 장로들이 찾아가 자기들을 구원해 줄 것을 간청하였다.

암몬 자손이 쳐들어와 길르앗에 진을 치고 있을 때 길르앗 장로들이 돕 땅에 있는 입다를 찾아와 그들의 통치자가 되어 줄 것을 요청하였다. 길르앗 장로들이 입다를 찾아온 것은 순전히 입다가 큰 용사였기 때문이었다. 입다는 자기를 내쫓을 때는 언제고, 이제 와서 무슨 부탁을 하느냐며 응하지 않았다. 그러다가 입다는 길르앗 장로들이 재차 전쟁에서 이기면 자기들의 통치자가 될 것이라는 분명한 약속을 받고 전쟁에 나섰다.

입다의 서원

입다는 바로 암몬과의 전쟁에 임하지 않고 먼저 사절을 보내 암몬이 이스라엘을 침입해 온 경위를 물었다. 암몬 왕은 이스라엘이 출애굽 할 때 암몬 땅을 차지했으니 그 땅을 도로 내놓으라고 주장했다. 그러자 입다는 하나님께서 분명 아모리 왕 시혼의 땅을 이스라엘에게 준 이상 그것은 이스라엘의 땅이라고 대답했다. 서로 한 치의 양보도 없는 주장을 함으로 결국 전쟁을 하게 되었다.

입다는 암몬과의 전쟁을 위해 하나님께 서원했다.
"그가 여호와께 서원하여 이르되 주께서 과연 암몬 자손을 내 손에 넘겨 주시면 내가 암몬 자손에게서 평안히 돌아올 때에 누구든지 내 집 문에서 나와서 나를 영접하는 그는 여호와께 돌릴 것이니 내가 그를 번제물로 드리겠나이다"(11:30-31).

입다는 기드온처럼 천사의 방문을 받은 것도 아니고, 드보라처럼 하나님의 음성을 직접 들은 것도 아니었기 때문에, 하나님의 도움을 확신할 수 있는 무엇인가가 있어야만 했다. 입다는 자신의 서원을 통해 하나님이 함께 하심을 믿고 암몬과의 전쟁에 나아가 승리한다. 입다는 암몬의 20개 성읍을 쳐부수었다.

입다의 딸의 비극

입다가 전쟁에서 이긴 후 미스바에 있는 자기 집으로 돌아올 때에 무남독녀인 입다의 딸이 그를 제일 먼저 맞이했다. 입다는 자기의 딸을 보는 순간 옷을 찢으며 부르짖었다.

"어찌할꼬 내 딸이여 너는 나를 참담하게 하는 자요 너는 나를 괴롭게 하는 자 중의 하나로다 내가 여호와를 향하여 입을 열었으니 능히 돌이키지 못하리로다"(11:35).

입다의 딸은 아버지 입다의 서원으로 인해 희생을 당하게 되었다. 더욱 놀라운 것은 하나님께서 침묵을 지키셨다는 것이다. 아브라함의 아들 이삭도 번제물로 드려질 운명에 처하였지만 하나님의 개입으로 목숨을 구할 수 있었다. 사울의 아들 요나단도 사울의 어리석은 명령으로 인해 죽을 수밖에 없는 위험에 처하였는데, 백성의 개입으로 살게 되었다. 그런데 입다의 딸은 아버지 입다가 서원한 대로 죽어야만 했다.

오늘날 목회자들의 자녀도 알게 모르게 아버지가 목사인 것 때문에 많은 스트레스를 받는다. 사람들로부터 목사의 자식이니 다른 아이들과는 무엇인가 달라야 한다는 무언의 압박을 받기 때문이다. 그리고 목회자들은 자신의 사역지를 따라 어느 곳으로든지 이동해야 한다. 그럴 때마다 자녀들은 아버지 때문에 친구들과 헤어져야 하는 아픔을 겪어야 한다. 그러므로 목회자의 자녀들에게는 아버지 입다의 서원으로 인해 딸이 당하는 희생이 나의 일과 같은 공감을 하게 된다.

입다의 딸은 아버지에게 두 달 말미를 받아 친구들과 함께 산으로 가서 처녀로 죽는 것을 슬퍼하는 통곡의 시간을 가졌다. 이때부터 이스라엘에서는 처녀들이 해마다 산에 올라가 입다의 딸을 위해 나흘간 슬피 우는 관습이 생겼다. 입다의 딸은 비록 아버지의 서원으로 인해 처녀로 죽을 수밖에 없었지만, 이스라엘 처녀들에 의해 그 추억이 영원토록 보존되었다.

페기 데이(Day)라는 학자는 여성신학적 입장에서 여인들이 통곡제의를 가졌다는 것은 소녀시대를 지내고 이제는 사춘기에 이르렀다는 일종의 통과의식을 치르는 것이라고 보았다. 입다의 딸의 죽음을 애도하는 연례적인 관습은 소녀가 남자를 알지 못하고 죽었다는 점으로 미루어 여성 성장단계의 한 단면을 표현하는 원인론적인 이야기로 이해하고 있다.

2. 생활 속의 이야기

어느 목사님이 신문에 난 가슴 뭉클한 이야기를 소개했다. 강남의 어느 부유한 집 딸이 압구정동에서 중고생들의 금품을 빼앗다가 경찰에 붙잡혀 구속되었다. 그 아이는 한 달 용돈이 200만원인 부잣집 딸이었다. 그런데 그것도 모자란다고 강도짓을 한 것이다. 어느 중학교 여학생이 그 아이에게 편지를 썼다.

"언니에게.

나는 7평짜리 임대아파트에 사는 여중생이야. 우리 아버지는 사업을 하다가 실패하셔서 1987년에 자살을 하셨어. 그 후에 지하도에서 노숙을 하다가 재개발 지역에 임대아파트가 났길래 월세 4만원짜리 집에 살고 있어. 어머니는 우리를 키우기 위해서 피까지 빼서 파신 적이 있어. 하지만 언니, 우리는 신앙으로 살았어. 그 덕택인지 몰라도 이런 안 좋은 상황에서도 오빠는 명문대에 합격했고 나도 초등학교를 1등으로 졸업했어.

언니, 언니는 너무나 좋은 환경에서 자라고 있는 것 같아. 그러니 마음을 돌이키고 성실하게 살아가면 밝은 미래가 있을 거야. 언니, 절대로 좌절하지 마."

3. 묵상을 위한 질문

(1) 불우한 환경 때문에 좌절하거나 인생을 포기하는 것은 신앙인의 자세가 아니다. 요셉과 욥, 그리고 입다는 어떤 믿음을 통해 자신에게 닥친 불행을 극복했는가?

(2) 서원이란 무엇인가? 입다의 서원에 문제점이 있다면 무엇이라고 생각하는가? 아버지의 서원 때문에 희생당한 입다의 딸에 대해 서로 나누어 보자.

(3) 비슷한 상황에서 이삭은 생명을 구했으나, 입다의 딸은 희생이 되었다는 점에 대해서 어떻게 생각하는가?

4. 결단에의 초청

입다는 불우한 어린 시절을 보냈습니다. 창녀의 아들이라는 이유로 자기 부족들로부터 쫓겨나 부랑자처럼 살았습니다. 그러나 입다는 출중한 무예와 의협심으로 자신의 열악한 환경을 이겨냈습니다. 주변에 많은 사람들이 그를 따랐습니다.

세상에는 고아가 된 사람, 신체적인 핸디캡을 가진 사람, 너무 가난한 집안에서 태어나 어렵게 자라난 사람들이 많이 있습니다. 그러면서도 자신의 어려움을 딛고 일어서서 훌륭하게 된 사람들도 있습니다. 불운한 환경 때문에 인생을 포기하거나 좌절하는 것은 잘못된 생각입니다.

입다는 한때 자기를 버린 사람들이었지만, 어려움에 빠진 동족들을 구하기 위해 암몬 자손과 싸워 이겼습니다. 그들을 구해주었습니다.

입다의 어리석은 서원 때문에 죽은 딸을 애도합니다. 비슷한 환경에 처한 이삭과 요나단은 구해주시면서도 입다의 딸은 구해주지 않은 하나님의 뜻이 어디에 있는지 분명하게 알 수는 없습니다. 세상에는 부모 때문에 내가 이 고생이라고 원망하는 자녀들도 많이 있습니다. 그러나 입다의 딸은 그렇지 않았습니다. 아버지의 잘못된 서원에도 불구하고 아버지의 뜻에 순종한 입다의 딸은 영원토록 아름다운 여인으로 기억되었습니다.

나는 자녀들에게 어떤 부모입니까? 자녀들의 희생을 강요하는 부모는 아닙니까? 그리고 나는 부모에게 어떤 자녀입니까? 부모들이 가난하다고, 부모들이 무지하다고 원망하는 것은 아닙니까?

제6과

삼손

사사기 13—16장

1. 성경 이해

사사기 12:8-15에는 입다의 뒤를 이은 세 명의 소사사들이 나온다. 베들레헴의 입산은 아들 삼십 명과 딸 삼십 명을 두었으며, 7년 동안 사사로 있었다. 그의 뒤에는 스블론 사람 엘론이 이스라엘 사사가 되어 10년 동안 이스라엘을 다스렸다. 그리고 힐릴의 아들 압돈이 이스라엘의 사사가 되었는데, 그에게 아들 마흔 명과 손자 서른 명이 있어서, 그들은 나귀 칠십 마리를 타고 다녔다고 한다.

압돈이 죽고 난 다음에 이스라엘 백성이 다시 하나님 앞에서 악한 일을 저질렀다. 그 결과 하나님께서 40년 동안 이스라엘 자손을 블레셋의 손에 넘겨주셨다. 블레셋은 이스라엘 백성이 약속의 땅에 정착할 때와 거의 비슷한 때에 지중해변으로부터 들어온 해양민족으로 다윗이 블레셋을 굴복시킬 때까지 이스라엘의 가장 강력한 라이벌이었다.

구약시대의 가나안 땅을 오늘날 팔레스타인이라고 부르는데, 팔레스타인이라는 말은 블레셋 사람의 땅이라는 뜻이다. 로마가 예루살렘 성전을 파괴시키고, 다시는 반란을 일으키지 못하도록 하기 위해 모든 유대인을 쫓아내면서 이 땅은 이스라엘의 땅이 아니라, 라이벌인 블레셋의 땅이라는 뜻에서 명명한 것이다. 특별히 단 지파는 블레셋이 가나안에 들어와 차지하고 있던 지중해변 땅을 분배를 받았기 때문에, 그곳에 정착하기 위해서는 블레셋을 반드시 물리쳐야만 했다.

삼손의 출생이야기

이스라엘 초기 역사에서 가장 강력한 라이벌이었던 블레셋의 억압으로부터 이스라엘 백성을 구원하기 위해 하나님께서는 삼손을 사사로 세우셨다. 삼손은 아이를 갖지 못하던 어머니로부터 기적적으로 태어난 출생이야기를 갖고 있다. 성경에 출생이야기가 나오는 사람은 많지 않다. 구약에서는 대표적으로 이삭의 출생과 사무엘의 출생이야기가 나오는데, 모두 아이를 갖지 못하던 어머니가 하나님의 은혜로 아이를 낳게 되었다는 공통점을 갖고 있다. 신약에서는 예수님의 탄생이야기가 대표적인데, 예수님께서도 아이를 낳을 수 없는 처녀의 몸에서 탄생하셨다.

성경에 흔치 않은 출생이야기 중에 하나가 삼손과 관련된 것이라는 점에서 삼손은 태어날 때부터 특별한 축복을 받은 사람이었다. 사사기에서도 삼손에 관한 이야기가 사사들 중에 가장 많은 분량을 차지하고 있다. 삼손의 고향은 소라이며, 그의 부모는 단 지파 사람으로 신실한 믿음을 가진 사람들이었다.

삼손의 어머니는 믿음의 여성이었다. 하나님의 천사가 먼저 삼손의 어머니에게 나타났다.

"보라 네가 임신하여 아들을 낳으리니 그의 머리 위에 삭도를 대지 말라 이 아이는 태에서 나옴으로부터 하나님께 바쳐진 나실인이 됨이라 그가 블레셋 사람의 손에서 이스라엘을 구원하기 시작하리라" (13:5).

삼손의 어머니는 남편 마노아에게 천사 만난 이야기를 전해준다. 아내의 말을 들은 마노아는 하나님의 사람을 다시 보내달라고 기도했다. 여호와는 기도의 응답으로 다시 천사를 보내는데, 이번에도 마노아의 아내에게 보내셨다. 하나님께서 계속해서 여인에게 먼저 나타나셨다는 점에서 여인의 중요성이 강조되고 있는 볼 수 있다. 이렇게 해서 태어난 삼손은 나실인으로 자랐다.

삼손과 딤나의 블레셋 여인

13장 전체가 삼손의 출생과 관련된 이야기로 독자로 하여금 삼손에 대한 큰 기대감을 갖게 해준다. 그러던 것이 14장부터는 청년이 된 삼손이 등장하면서 이야기가 반전되기 시작한다. 14장에서 삼손은 딤나로 내려가 그곳에 사는 어느 블레셋 처녀를 보고 첫 눈에 반했다. 삼손은 딤나의 처녀와 결혼하고 싶다고 부모에게 요청했다. 삼손의 부모는 할례 받지 않은 블레셋 여인과의 결혼을 허락하지 않았다. 그러나 삼손은 막무가내였다. 삼손은 겉보기에 좋아 보이는 것만으로 판단하고 선택했다.

삼손은 부모를 설득하여 블레셋 여인의 집에 가게 되었는데, 가는 길에 사자가 그에게 달려들었다. 삼손은 주의 영을 받아 사자를 맨손으로 해치웠다. 나중에 삼손이 여자의 집으로 다시 가는 길에 사자를 죽인 곳에 가 보았더니 사자의 주검 안에 벌떼가 있고 그 안에 꿀이 고여 있었다. 삼손은 손으로 꿀을 찍어 먹고 부모에게도 가져다주었다.

삼손은 아버지가 여인을 만나러 오자 잔치를 베풀고 그 자리에서 손님들에게 수수께끼를 냈다. 잔치가 계속되는 일주일 동안에 이 수수께끼를 풀면 삼손이 모시옷 30벌과 겉옷 30벌을 내놓기로 했다. 삼손은 "먹는 자에게서 먹는 것이 나오고 강한 자에게서 단 것이 나왔다"는 말이 무슨 뜻이냐고 문제를 냈다.

블레셋 사람들이 도저히 수수께끼를 풀 수 없자 삼손의 아내에게 답을 알아내라고 협박했다. 삼손의 아내는 울면서 삼손을 졸라대 마침내 답을 얻어냈다. 삼손은 블레셋 사람들이 자기 아내를 꾀어서 해답을 알아낸 것을 알고는 아스글론으로 내려가 주민 30명을 죽여 그들의 옷을 빼앗아 수수께끼를 푼 자들에게 주었다. 그리고는 화가 나서 아버지의 집으로 돌아갔으며, 장인은 삼손의 아내를 삼손의 친구에게 주었다.

삼손은 밀 추수 때가 되어 딤나에 있는 장인을 방문하여 아내를 찾았다. 그러나 장인은 삼손의 아내를 다른 사람에게 주었으니 그 동생을 택하라며 삼손이 아내의 방에 들어가는 것을 허락하지 않았다. 삼손은 화가 나서 여우 300마리를 잡아 꼬리를 서로 묶고 그 사이에 횃불을 매달아 곡식밭으로 풀어놓았다. 불은 밭에 있는 모든 곡식을 태우고 포도원과 올리브 농장까지 다 태워버렸다.

블레셋 사람들은 삼손의 장인이 그의 아내를 다른 사람에게 주었기 때문에 삼손이 화가 나서 저지른 일인 것을 알고 곧바로 딤나로 올라가 삼손의 아내와 장인을 불에 태워 죽여 버렸다. 그러자 삼손은 그들에게 복수하기 위해 다시 블레셋 사람들을 닥치는 대로 죽였다. 그리고 에담 바위 틈에 쉬고 있던 삼손을 유다 사람 3천 명이 와서 붙잡아 블레셋 사람들의 손에 넘겨주려고 할 때 삼손은 당나귀 턱뼈를 집어 들어 블레셋 사람을 1,000명이나 쳐 죽이기도 하였다.

이렇게 삼손은 이스라엘의 억압하는 많은 블레셋 사람들을 죽이기는 하였지만, 자기감정대로 행동하는 그의 처신이나 그의 가정생활은 올바르지 못했음을 보여주고 있다.

삼손과 들릴라

사사기 16장에서는 삼손이 소렉 골짜기에 사는 "들릴라"라는 여자를 사랑하게 되었다. 블레셋 사람들이 이번에는 들릴라에게 삼손의 괴력이 어디에서 나오는지를 알아내라고 요구했다. 들릴라는 삼손에게 힘의 비결이 어디에서 나오는지를 집요하게 물었다. 삼손은 들릴라가 하도 조르니까 처음에는 마르지 않은 푸른 칡 일곱으로 자기를 묶으면 힘이 빠질 것이라고 둘러댔고, 두 번째는 한 번도 쓰지 않은 새 밧줄로 묶으면 힘이 빠진다고 말했다. 그러나 이 모든 말이 다 거짓말로 드러나자 들릴라는 계속해서 보채기 시작했다.

"들릴라가 삼손에게 이르되 당신의 마음이 내게 있지 아니하면서 당신이 어찌 나를 사랑한다 하느냐 당신이 이로써 세 번이나 나를 희롱하고 당신의 큰 힘이 무엇으로 말미암아 생기는지를 내게 말하지 아니하였도다 하며"(16:15).

들릴라가 이렇게 끈질기게 졸라대니까 삼손은 아주 고민이 되어 죽을 지경이 되었다. 삼손은 결국 자기는 태어나면서부터 나실인이기 때문에 머리털만 깎으면 힘이 약해진다는 사실을 고백했다. 들릴라는 삼손을 자기 무릎에 잠들게 한 다음에 사람을 불러 그의 머리털을 깎게 하였다. 삼손은 자신이 갖고 있던 엄청난 힘을 잃어버린 채 블레셋 사람들에게 붙잡혀 두 눈이 뽑히고 놋사슬로 묶여 감옥에서 연자맷돌을 돌리는 비참한 처지에 빠지게 되었다.

삼손의 최후

삼손의 힘은 나실인의 서원과 관련 있는데, 하나님과의 약속에 힘의 근원이 있었다. 다시 말해, 삼손의 힘은 단순히 머리카락에 있는 것이 아니라 하나님에게 있었다. 그런데 삼손은 하나님께서 주신 놀라운 능력을 자기 눈에 보기에 좋은 대로 여인들을 사랑하고 수수께끼 같은 놀이하는 데에 낭비하였다. 그 결과 삼손은 힘을 잃고 두 눈이 뽑히고 말았다. 이것은 육신의 눈에 보기 좋은 대로만 행한 결과라고 할 수 있다.

두 눈이 뽑힌 삼손은 블레셋 사람들의 신 다곤을 위한 축제에 끌려 나왔다. 다곤 신은 블레셋의 곡식의 신이다. 자기들의 곡식을 망치게 했던 삼손을 끌고 나온 블레셋 사람들은 "우리의 신이 우리 원수 삼손을 우리 손에 넘겨 주었다" (16:23) 하며 끌려나온 삼손을 조롱하며 좋아했다. 삼손은 다곤 신전의 두 기둥에 쇠사슬로 묶인 채 하나님께 기도하며 부르짖었다.

"삼손이 여호와께 부르짖어 이르되 주 여호와여 구하옵나니 나를 생각하옵소서 하나님이여 구하옵나니 이번만 나를 강하게 하사 나의 두 눈을 뺀 블레셋 사람에게 원수를 단번에 갚게 하옵소서 하고" (16:28).

머리털이 다시 자라기 시작한 삼손에게 여호와의 영이 다시 임하였다. 삼손이 무서운 힘으로 다곤 신전의 기둥을 밀어내니 신전이 무너져 내려 신전에 있던 사람들이 모두 돌더미에 깔려 죽었다. 이때 삼손이 죽은 사람들이 그가 살았을 때에 죽인 사람보다 더 많았다. 삼손은 그의 죽음을 통해 블레셋 사람의 손에서 이스라엘을 구원하였다.

그러므로 삼손은 비록 비극적인 죽음을 맞이했지만, 그의 죽음을 통해 보다 큰 일을 성취함으로써 삼손 이야기 전체의 결말은 해피엔딩(Happy Ending)이라고 할 수 있다. 삼손은 죽기 전 하나님께 기도하고, 삼손의 기도에 하나님께서 응답해 주심으로 하나님과의 깨어진 관계가 회복되고 자신의 사명을 완수하게 된 사사로 남게 되었다.

2. 생활 속의 이야기

(1) 프랑스의 최고의 화가 르누아르는 원래 도자기 공장에서 도자기에 그림을 그리던 이였다. 틈틈이 그렇게 그리다가 화가가 되었다. 그러던 어느 날 손에 심한 통증으로 손을 사용할 수가 없었다. 결국 붓을 손에 붙들어 매고 그림을 그렸다. 이런 모습을 보고 한 방문객이 말했다.
"당신은 어떻게 그런 손으로 그렇게 아름다운 그림을 그릴 수가 있습니까?"
이 말을 듣고 르누아르가 말했다.
"그림은 손으로 그리는 것이 아니라 눈과 마음으로 그리는 것입니다. 교만한 붓으로 그린 그림은 생명력이 없어요. 고통은 나에게 가장 귀중한 선생님이죠."

(2) 미국 부통령을 지낸 험프리는 인생 말년에 암과 투병하였다. 그러나 농담과 여유와 유모를 잊지 않았다. 험프리는 리더스 다이제스트에 다음과 같은 글을 실었다.

"사람들의 가장 큰 약점은 쉽게 포기하는 것입니다. 역경은 새로운 출발을 향한 자극제일 뿐입니다. 역경은 약간 시간이 걸려야 할 문제라는 것뿐입니다.

사람들은 예배 때마다 축도만을 기다립니다. 개회예배의 가슴설레임을 경험하지 못하는 이는 불행할 뿐입니다. 나는 한 번도 고별연설을 한 적이 없습니다."

출발은 언제나 장엄한 것이다. 새가 가장 아름다울 때는 하늘을 날 때가 아니다. 아름다운 노래를 부를 때도 아니다. 새가 가장 아름다울 때는 하늘을 나르려고 날개를 쭉 펴고 나르려고 할 때다.

돛단배가 먼 항해를 하려고 돛을 활짝 펴는 모습은 얼마나 아름다워 보이는가?

3. 묵상을 위한 질문

(1) 신앙을 가진 부모들 사이에서 태어난 자녀들의 믿음을 점검해 보자. 모태신앙을 가진 자녀들이 오히려 신령한 것을 소홀히 여기는 점은 없는지 살펴보자.

(2) 삼손은 하나님으로부터 놀라운 능력을 받았지만, 그 능력을 여인들을 희롱하고 수수께끼 같은 놀이를 하는 데 낭비하였다. 성도들로서 하나님이 주신 은사를 낭비하는 것은 죄악이다. 하나님이 나에게 주신 은사는 무엇인지를 생각해 보자.

4. 결단에의 초청

삼손은 믿음이 좋은 가정에서 태어났습니다. 그러나 삼손은 하나님으로부터 받은 능력을 소홀히 하였습니다. 오늘날에도 모태신앙을 가진 자녀들이 신앙생활에 소홀히 하는 모습을 볼 수 있습니다. 그들에게는 신앙생활이 특별한 것이 아니라 그저 자신들의 삶의 일부분이 되었기 때문인지도 모릅니다.

삼손의 출생이야기가 하도 좋아서 우리는 삼손에게 특별한 기대를 했는지도 모릅니다. 그래서 삼손에게 더 큰 실망을 하는 것은 아닐까요? 삼손이 블레셋 사람들에게 행한 일들을 보면 결코 작은 일은 아니었습니다. 그러나 우리는 그 동기가 결코 거룩하지 않았다는 것 때문에 그의 일을 평가절하하고 있는지도 모릅니다.

오히려 하나님은 삼손이 여자 문제 때문에, 수수께끼 같은 놀이 때문에 화가 났을 때에 삼손을 책망하기보다 그런 삼손을 통하여 블레셋 사람들을 물리치도록 하셨습니다. 우리는 삼손을 비판하고 그가 한 일을 깎아내리는데, 하나님은 삼손에게 너그럽게 대하셨습니다. 자기 눈에 보기에 좋은 대로만 행동한 삼손의 태도는 분명 잘못된 것이었지만, 하나님은 삼손에게 행한 약속을 끝까지 지켜 주셨습니다.

하나님이 용서한 사람을 우리는 용서하지 못하고, 하나님이 용납한 사람을 우리는 받아들이지 못하고 있는 것은 아닐까 반성해 봅니다.

제7과
단 지파의 길
사사기 17—18장

1. 성경 이해

사사기에 나오는 12명의 사사들에 관한 이야기는 삼손의 이야기를 끝으로 16장에서 끝난다. 그런데 사사기는 그 뒤에 17-21장까지 계속된다. 학자들은 이것을 사사기의 부록이라고 말한다. 이 부분에는 크게 두 가지 사건이 나오는데, 하나는 단 지파와 관련된 것(17-18장)이고, 다른 하나는 베냐민 지파와 관련된 것(19-21장)이다. 그리고 이 두 사건은 영적인 타락과 도덕적인 타락을 보여주는 어두운 사건으로 모두 레위인이 연루되어 있다.

사사들의 활동이 주요 내용인 1-16장에서도 이스라엘 자손이 반복해서 악을 행하는 불신앙의 악순환을 보여주더니, 17-21장에 나오는 마지막 두 사건을 통하여 백성의 악함이 극에 달하게 된다. 이것은 "밤이 깊으면 새벽이 온다"는 말처럼 왕국시대의 새로운 역사가 시작되기 직전의 깊은 어둠의 시간들이었다.

미가의 우상숭배와 종교적 타락

17:1에 에브라임 산지에 미가라는 사람이 있었다. 미가의 어머니는 은돈 1,100냥을 잃어버리자 훔쳐간 사람에

게 온갖 저주를 퍼부었다. 어머니의 저주하는 모습을 본 미가가 그 돈을 자기가 갖고 있다고 고백했다. 미가에게서 돈을 다시 받은 어머니는 아들이 저주를 받지 않도록 은 장이에게 은 200냥을 주어서 큰 신상을 만들었다. 그리고 5절에 보면, 에봇과 드라빔을 만들고 제사장을 세웠다.

에봇은 대제사장의 겉옷 위에 입는 것으로 개인 집에서 소유할 수 있는 것이 아니었다. 드라빔은 당시 가나안 지방에 있던 사람형상의 인형 같은 것으로 재산상속권을 주장할 수 있는 우상이었다. 이렇게 해서 미가는 집 안에 개인 사당을 두고 우상숭배를 하게 되었다.

이때 유다 땅 베들레헴에 사는 한 젊은 레위인이 있을 곳을 찾아 에브라임 산지까지 왔다가 미가의 집에 머물게 되었다. 미가는 그가 레위인인 것을 알고 제사장이 되어 줄 것을 부탁하였고, 젊은 레위인은 그 청을 받아들여 미가 집안의 제사장이 되었다.

"이에 미가가 이르되 레위인이 내 제사장이 되었으니 이제 여호와께서 내게 복 주실 줄을 아노라" (17:13).

이는 개인 집에 신상을 두고, 심지어 레위인으로 한 집안을 위한 사설 제사장이 되도록 하는 일이 자연스럽게 벌어질 정도로 사사시대 말기의 영적 상황이 혼탁했음을 보여준다. 명목으로는 여호와를 섬긴다고 하면서도 내용적으로는 신앙이 변질된 우상숭배였다.

더욱이 레위인은 미가가 자기 집의 제사장이 되면 해마다 은 열과 의복 한 벌을 주겠다는 제안을 받고 만족하면서 제사장직을 허락하고 있다. 그에게 있어서 제사장직은 성직이 아니라, 생활의 방편이었다. 돈을 위해서 성직을 사고파는 그런 세상이었다.

평탄한 곳만 찾는 단 지파의 길

한편 지중해변의 블레셋 평야지역을 기업으로 받았던 단 지파는 그곳에 정착하는 것에 실패했다. 단 지파가 분배받았던 땅은 지중해변에 위치한 가장 비옥한 땅 중에 하나이면서 동시에 가장 강한 적인 블레셋 족속이 있던 곳이었다. 그래서 하나님은 삼손 같이 놀라운 능력을 소유한 사람을 단 지파에 보내주셨는지도 모른다. 그러나 삼손은 자신의 능력을 낭비만 하다가 비극적인 죽음을 맞았다.

어쨌든 분배받은 기업에 정착하는 것에 실패한 단 지파는 새로운 터전을 찾아 나서기 시작했다. 단 지파는 새로운 땅을 찾기 위해 5명의 정탐꾼을 보냈는데, 이들의 모토는 "평안"이었다. "평안"한 길, 그래서 별 어려움 없이 자리 잡을 수 있는 곳을 찾았다. 정탐꾼들은 미가의 집에 들어가 그곳에 있는 제사장에게 자신의 길이 "형통"할는지를 물어 보았으며 (18:5), 북쪽 끝에 있는 라이스라는 곳까지 이르렀다.

"이에 다섯 사람이 떠나 라이스에 이르러 거기 있는 백성을 본즉 염려 없이 거주하며 시돈 사람들이 사는 것처럼 평온하며 안전하니 그 땅에는 부족한 것이 없으며 부를 누리며 시돈 사람들과 거리가 멀고 어떤 사람과도 상종하지 아니함이라" (18:7).

정탐꾼들의 보고를 받은 단 지파는 평안한 곳을 찾아 북쪽으로 올라가 결국 최북단에 있는 라이스라는 곳에 도착하여 한가로이 평화롭게 살고 있던 사람들을 칼로 다 죽이고 그곳에 정착하였다. 그리고 그곳 이름을 '단'이라고 불렀다.

북으로 올라가던 단 지파 사람들은 에브라임 산지에 있는 미가의 집에 들었다. 미가의 집에 있던 은을 입힌 신상과 에봇과 드라빔을 챙긴 단 지파 사람들은 그곳에 있던 레위인 제사장까지 "한 지파 한 족속의 제사장이 되는 것 중에서 어느 것이 낫겠느냐" (18:19) 하며 함께 올라갔다. 미가와 이웃 사람들이 단 지파를 쫓아가서 항의를 하였지만, 상대가 더 강한 것을 보고 발길을 돌려야만 했다.

우상숭배의 중심지가 된 단

단 지파가 정착한 곳은 동북쪽에 있는 가이사랴 빌립보와 함께 요단강의 근원이 시작되는 곳으로 물이 풍부하고 비옥한 땅이다. 멀리 레바논의 헐몬 산에 있는 만년설이 녹아 지하로 수십 킬로미터를 흘러 내려오다가 이곳 단에서 샘으로 터져 나와 강줄기를 형성하면서 갈릴리 호수로 들어간다.

이렇게 풍요로운 곳에 정착하게 된 단 지파는 정착 초기부터 우상숭배를 하기 시작하였는데, 솔로몬이 죽고 난 후에 왕국을 분열시켜 북왕국 이스라엘을 세운 여로보암이 단에 우상제단을 쌓음으로 우상숭배의 중심지가 되어 버렸다.

여로보암이 왕국이 분열된 이후에도 하나님 앞에 제사를 드리기 위해 남왕국의 수도인 예루살렘 성전에 올라가는 백성을 막을 방도를 찾았다. 여로보암은 예루살렘으로 올라가는 길목을 차단하고, 벧엘과 단에 별도의 제단을 세우고, 백성으로 하여금 그곳에서 제사를 드리도록 하였다. 이로 인해 여로보암은 이스라엘 백성이 우상숭배를 하도록 만든 악한 왕이 되었고, 단에 세운 제단이 그 중심적인 역할을 하였다. 고고학자들이 발굴한 단의 유적지에 보면, 성읍으로 들어오는 입구에 왕이 앉아서 백성을 맞이하는 곳이 있고, 성안에는 번제단을 중심으로 제단의 흔적들이 그대로 보존되어 있다.

창세기 49장에서 야곱이 열두 아들을 축복할 때에 단 지파에 대해서 "단은 길섶의 뱀이요 샛길의 독사로다 말굽을 물어서 그 탄 자를 뒤로 떨어지게 하리로다"라고 예언한 말 그대로 되었다. 요한계시록 7장에 보면, 마지막 때에 하나님의 인을 받는 144,000명이 나오는데, 이스라엘 12지파에서 각기 12,000명씩 인을 받는다. 그런데 지파들의 명단을 보면, 유다, 갓, 아셀, 납달리, 므낫세, 시몬, 레위, 잇사갈, 스불론, 요셉, 베냐민 지파만 나오고 단 지파는 빠져 있다. 결국 단 지파는 편한 길만 추구하다가 하나님께 구원받지 못한 버림받은 지파가 되었다.

2. 생활 속의 이야기

거창 고등학교의 직업 선택 십계명

1. 월급이 적은 쪽을 택하라.
2. 내가 원하는 곳이 아니라 나를 필요로 하는 곳을 택하라.
3. 승진의 기회가 거의 없는 곳을 택하라.
4. 모든 조건이 갖추어진 곳을 피하고 처음부터 시작해야 하는 황무지를 택하라.

5. 앞을 다투어 모여드는 곳은 절대 가지 말라. 아무도 가지 않는 곳으로 가라.
6. 장래성이 전혀 없다고 생각되는 곳으로 가라.
7. 사회적 존경 같은 건 바라볼 수 없는 곳으로 가라.
8. 한가운데가 아니라 가장자리로 가라.
9. 부모나 아내나 약혼자가 결사반대하는 곳이면 틀림이 없다 의심치 말고 가라.
10. 왕관이 아니라 단두대가 기다리고 있는 곳으로 가라.

자유의 여신상

미국 뉴욕의 리버티 섬에 있는 자유의 여신상은 세계 인류를 위한 자유의 등불 역할을 하고 있다. 그 받침대에 새겨져 있는 소네트의 마지막 구절은 다음과 같다.

"너희, 지치고 가난한
자유를 숨쉬기 갈망하는 무리들을
폭풍우에 시달린
고향 없는 자들을
나에게 보내다오
내가 황금의 문 곁에서 나의 횃불을 들어 올릴테니."

1886년에 제막된 자유의 여신상 높이는 아래의 받침대를 포함하여 92미터나 된다. 밑에서 올려다보면 끝이 거의 보이지 않을 정도다.

언젠가 오스카 헤머스타인 2세라는 사람이 헬리콥터를 타고 자유의 여신상을 머리 위에서 촬영한 적이 있다. 촬영

후 사진을 현상해 살펴보던 그는 놀라지 않을 수 없었다. 여신상의 머리가 아주 섬세하게 빗겨져 있었기 때문이다.

솔직히 갈매기를 제외하고 누가 그 높은 곳의 여신상 머리를 제대로 볼 수 있겠는가? 그럼에도 불구하고 조각가는 여신상의 머리까지 공들여 정교하게 조각한 것이다. 뿐만 아니라 머리와 팔, 횃불까지 공들인 흔적이 역력했다.

자유의 여신상이 그토록 인류 희망의 등불이 된 것은 결코 우연한 일이 아니다. 사소한 부분, 특히 남의 눈에 잘 보이지 않는 부분까지도 다른 곳과 마찬가지로 세심한 공을 들였기 때문이다. 보이지 않는 것도 보이는 것과 똑같이 다루는 성실함이야말로 큰 비전을 일구어 가는 데 있어 중요한 성품이다.

3. 묵상을 위한 질문

(1) 미가의 우상숭배를 통해 사사시대 말기가 황금만능주의, 종교혼합주의, 성직이 타락한 시대라는 것을 알게 되었다. 오늘 우리가 살고 있는 시대는 어떻다고 생각하는가?

(2) 단 지파의 문제점은 무엇인가? 오늘 우리가 걸어가야 할 올바른 신앙의 길은 어떤 길인가? 구체적인 예를 들어서 생각해 보자.

4. 결단에의 초청

하나님을 믿는다고 하면서 물질과 명예, 그리고 권세를 좋아하는 것은 어쩔 수가 없는 것일까요? 오늘날처럼 기독교인들이 사회적으로 인정받는 시대에는 좋은 기독교인이 된다는 것은 사회에서도 성공하는 길이기도 하니까요.

세상에서 성공하면 하나님의 축복이요, 하는 일이 다 만사형통하면 하나님이 함께 하셨기 때문이라고 할 수 있습니다. 세상이 아무리 좋아도 아무나 성공하고, 아무나 앞길이 잘 풀리는 것은 아니기 때문입니다.

그렇다고 기독교 신앙이 성공지상주의는 아닙니다. 물질과 명예, 그리고 권세가 하나님의 축복의 증거일 수는 없습니다. 사단이 40일 동안 금식기도하신 예수님을 유혹한 이유는 오직 한 가지, 주님으로 하여금 십자가를 지지 못하도록 하는 것이었습니다.

사단은 예수님이 세상에서 제일 큰 부자가 되어도 좋고, 모든 사람이 우러러보는 명예를 가져도 좋고, 세상 모든 만국을 다스리는 권세를 가져도 상관없습니다. 어떻게 해서든 십자가만은 지지 못하도록 하려고 했습니다. 십자가의 길이 구원의 길이기 때문입니다. 하나님의 길은 십자가의 길입니다. 그래서 평안만을 추구하는 단의 길은 뱀의 길이 된 것입니다.

제8과
베냐민 지파와의 전쟁
사사기 19—21장

1. 성경 이해

사사기 17-18장이 사사시대 말기의 영적인 타락을 보여주는 사건이라면, 사사기 19-21장은 이스라엘 백성들 사이에 도덕적인 타락이 얼마나 극에 달했는가를 보여주는 사건이다.

여행길에 오른 레위인

사사기 19장에 보면, 에브라임 산골에 살고 있던 한 레위 남자가 유다 땅 베들레헴에서 한 여자를 첩으로 데리고 왔다. 그 여자는 무슨 일인지 화가 나서 친정집으로 돌아가 석 달 동안 돌아오지 않고 있었다. 레위인은 첩을 다시 데려오기 위해 종과 함께 나귀 두 마리를 끌고 베들레헴에 있는 장인 집으로 갔다.

장인은 그를 반갑게 맞이하며 환대하였다. 나흘간이나 장인 집에 머무른 레위인은 계속 더 머물라는 장인의 권고를 물리치고 첩을 데리고 길을 떠났다. 그들이 여부스에 가까이 이르렀을 때 해가 저물기 시작했다. 종은 여부스 사람의 성에 가서 하룻밤 묵고 갈 것을 권했지만, 이스라엘 자손이 아닌 이방사람의 성읍에 갈 수 없다며 (19:12)

기브아까지 갈 것을 고집했다. 여부스 사람의 성은 예루살렘으로 사사시대에는 가나안 족속 여부스인들의 성이었다. 나중에 다윗이 여부스 족속이 있는 예루살렘을 점령하고 이스라엘 왕국의 수도로 삼았다.

기브아 사람들의 죄악

베냐민 지파의 땅인 기브아에 가까이 이르자 해가 지고 말았다. 기브아 성안에 들어가 성읍 광장에 앉았으나 아무도 그들을 집으로 맞아들여 묶게 하는 사람이 없었다. 유목민 시절 손님 접대를 최고의 미덕으로 알고 있던 이스라엘 백성이 가나안 땅에 정착하면서부터 달라지기 시작한 것이다. 그때 밭에서 일하고 돌아오던 한 노인이 그들을 보고 자기 집으로 데리고 들어왔다. 이 노인은 본래 에브라임 사람인데 기브아에 와서 살고 있었다.

레위인 일행이 노인의 집에 쉬고 있을 때 성읍의 불량배들이 집으로 몰려왔다. 불량배들을 히브리어 원문으로 "브네 벨리알," 즉 "벨리알의 아들들"이라는 뜻이다. "벨리알"이란 "악함, 가치없음"의 뜻으로 신약성경에서 악마로 의인화되었다 (고린도후서 6:14).

노인의 집에 들이닥친 이들은 손님과 관계를 해야 되겠다고 소란을 피웠다. 여기서 "관계한다"는 말은 성적인 접촉을 뜻하는데, 이스라엘 사람들도 율법이 엄금하고 있는 동성애에 빠져있었음을 암시한다. 이스라엘 지파 중 하나인 베냐민 사람들이 자기 도성에 찾아 온 동족 레위인에게 소돔 사람과 같은 악을 행하고 있는 것이다 (창세기 19장 참조).

레위인 첩의 희생

노인은 자신의 처녀 딸을 대신 주겠다고까지 했지만, 불량배들이 막무가내로 나오자 레위인이 자기 첩을 밖으로 내보냈다. 레위인이 자신과 주인의 목숨을 구하기 위해 자기의 첩을 희생시킨 것이다. 이런 레위인의 행동은 윤리적으로 정당화될 수 없는 비겁한 행동이었다. 레위인의 첩은 밤새도록 윤간을 당한 후 새벽 동이 틀 무렵에 문 앞에 쓰러졌다. 아침에 문을 나서던 레위인이 문 앞에 자기 첩이 쓰러져 있는 것을 보고 나귀에 싣고 떠났다. 집에 돌아온 레위인은 첩의 주검을 열두 토막으로 잘라 이스라엘 온 지파들에게 보냈다.

"그것을 보는 자가 다 이르되 이스라엘 자손이 애굽 땅에서 올라온 날부터 오늘까지 이런 일은 일어나지도 아니하였고 보지도 못하였도다 이 일을 생각하고 상의한 후에 말하자 하니라" (19:30).

사사기 19장에 있는 내용을 다시 한번 정리해 보면, 전체적으로 교차대창구조를 보여주고 있다.

  A 이스라엘에 왕이 없었다 (1절)
  　B 첩의 떠남 (2절)
  　　C 레위인이 첩에게 말함 (3절)
  　　　D 장인의 환대 (4-9절)
  　　　　E 레위인의 기브아 도착 (10-14절)
  　　　　　F 기브아 주민들의 무관심과
  　　　　　　에브라임 노인의 접대 (15-16절)
  　　　　E' 에브라임 노인의 환대 (17-21절)

D' 기브아 사람들의 적의 (22-27절)
　　C' 레위인이 첩에게 말함 (28절)
　B' 첩의 떠남: 시신을 12토막으로 나누어
　　보냄(29절)
A' 모든 이스라엘이 모였다 (30절)

　여기서 베냐민 지파인 기브아 주민들의 나그네에 대한 무관심과 기브아에 나그네로 살고 있는 에브라임 노인의 환대가 서로 대조되면서 중심축을 이루고 있다. 나그네 같은 삶을 살던 유목민 시절의 손님접대 관습을 잊어버린 기브아 주민들의 모습을 통해 유목문화에서 농경문화로 정착해 가는 과정에 있는 이스라엘 백성이 유목문화 때 가졌던 좋은 관습들을 잊어버리고 자기 유익대로 살아가고 있음을 보여주고 있다.
　이것은 아직 좋은 관습을 보존하고 유지할 제도적 장치가 마련되어 있지 않아서 사람들이 저마다 자기가 좋은 대로 행하기 때문이었다. 그러므로 장차 세워질 이스라엘 왕국은 백성으로 하여금 올바른 신앙과 좋은 관습을 지키고 보존할 수 있도록 해야 한다는 것을 암시하고 있다고 할 수 있다.

베냐민 지파와의 전쟁

　20장에서 미스바에 하나님의 총회로 모인 이스라엘 백성은 베냐민 지파를 벌하기 위해 군사를 일으켰다. 이스라엘 자손은 베냐민 지파에게 사람을 보내어 문제를 일으킨 불량배들을 넘기라고 요구하였다. 그러나 베냐민 지파 사람들은 이스라엘 자손의 요청을 거부하고 그들과 싸우기 위해 기브아로 모였다.

이스라엘 자손은 벧엘 신전에 올라가 이스라엘 자손 중 어느 지파가 먼저 올라가 베냐민과 싸워야 하는지를 하나님께 물었다. 하나님의 대답은 유다 지파였다. 사실 죽은 레위인 첩이 유다 지파 사람이기 때문에 유다 지파가 그 여인의 피에 대한 복수를 해야 할 책임이 있었다. 이와 동시에 사사기 1장에서 이미 언급한 것처럼 유다 지파에 대한 언급은 다른 지파들보다 유다 지파가 우위에 있음을 보여주는 것이기도 하다.

그러나 베냐민 지파는 만만하지 않았다. 첫 번째 전쟁에서 이스라엘 자손 1만 8천 명이 죽었다 (20:25). 다음 전쟁에서는 베냐민 지파 사람들이 2만 5천 1백 명이 죽었다 (20:35). 이렇게 서로 막대한 인명피해를 내면서 치른 전쟁으로 인해 베냐민 지파 사람들은 6백 명만 살아남아 도망을 가고, 베냐민 자손의 성읍에서 사람이나 가축이나 할 것 없이 모두 칼로 죽임을 당했다.

베냐민 지파의 멸종을 막기 위한 대책

벧엘에 다시 모인 이스라엘 자손은 이제 한 지파가 없어지게 된 것을 슬퍼하며 번제와 화목제를 드렸다. 이스라엘 백성은 동족 베냐민 자손에 대한 측은한 마음이 생겼다. 그래서 도망친 6백 명의 베냐민 지파 사람들로 하여금 후사를 이어갈 수 있도록 하기 위해 방안을 강구하였다. 이스라엘 자손은 이번 전쟁에 참여하지 않은 길르앗 야베스를 공격하고 처녀 400명을 실로에 있는 진으로 데려와 살아남은 베냐민 남자들과 결혼을 하도록 하였다. 그리고 나머지 모자라는 수는 해마다 실로에서 열리는 축제에서 베냐민 남자들이 실로의 여자들을 납치하여 아내로 삼도록 하였다.

이스라엘 자손은 이렇게 해서라도 베냐민 지파의 멸종을 막고자 하였다. 이렇듯 레위인의 자기 첩에 대한 무책임한 행동이나 베냐민 지파의 나그네에 대한 무법적인 폭행, 그리고 이스라엘 자손의 피비린내 나는 보복과 편법적인 대응 등 하나같이 비정상적인 것들이었다. 이것은 사사시대 말기의 혼란이 극도로 달했던 모습을 보여주는 것으로 사사기는 "그때에 이스라엘에 왕이 없으므로 사람이 각기 자기의 소견에 옳은 대로 행하였더라"는 (21:25) 말로 결론을 맺고 있다.

여기서 사사기는 이스라엘에도 왕이 있어야 되겠다는 무조건적인 주장을 하는 것이 아니라, 장차 세워질 왕국이 백성에게 어떤 역할을 해야 하는지를 보여주고 있다. 이것은 사무엘 시대에 왕을 세워 달라고 요구하는 백성과 왕을 세우기를 주저하는 예언자 사무엘 사이의 갈등관계에서 계속해서 나타나고 있다.

2. 생활 속의 이야기

한 자매가 찾아왔다. "목사님, 저는 평생에 제 아버지를 원망하고 살아왔습니다. 제 아버지를 향해서 원망하느라고 남자라고 하는 것은 전부 다 도적놈으로 봤습니다. 그래서 결국은 남자는 다 그렇게 생겼다고 생각해서 시집도 못 가고 늙은 처녀가 되어 나이 30이 훨씬 넘었습니다. 그런데 제 마음속에는 날마다 죽을 생각만 했습니다. 살 의미를 못 느꼈습니다. 그런데 어느 날 서점을 들렸다가 *나는 매일 죽는다* 라는 책의 제목을 보고 '여기도 매일 죽는 사람이 있구나' 라는 생각에 그 제목에 끌려서 그 책을 사서 읽었습니다. 저는 그때 '아, 매일 죽어야 할 것은 자살이 아니고 나 자신을 죽여야겠구나.' 저는 거기에서 이제 새로운 자기의 삶을 발견했습니다."

자기는 어린 시절 어머니가 아들을 못 낳는다고 시어머니에게 구박을 당하고 쫓겨나면서 아버지도 자기를 쫓아내서 결국은 외갓집에서 갖은 학대를 받고, 친척집을 돌면서 살다가 서울로 올라와서 가정부, 회사생활 하다가 원망하면서 자기 인생에 찌들어 자기 청춘은 병들고 이렇게 시들은 꽃처럼 되었노라고 탄식을 하면서 엉엉 울었다.

몇 번이고 자살을 하려고 했지만 자살도 쉬운 것이 아니었고 결국은 죽어야 할 것은 자살이 아니고 내 속에 있는 부정적인 자아상이 죽어야 된다는 것을 알았다는 것이다. 그녀는 다음 날 드디어 선물을 사 들고 수십 년 만에, 양로원에 계신 아버지를 찾아갔다.

아버지 앞에 가서 "아버지, 저를 용서해 주세요. 저는 원망하느라고 딸 노릇을 못했습니다." 하니까 아버지가 "딸아, 내가 너를 어린 시절 구박하고 쫓아내고 새어머니와 함께 아들 낳는다고 너를 구박한 죄를 용서해라" 하면서 그 아버지가 그 딸을 붙잡고 엉엉 울었다고 한다. 그러면서 함께 엉엉 우는데 자기 가슴속에 늘 있던 가슴앓이가 씻어지면서 가슴이 시원해졌다고 한다. 압박감에서 자유하면서 한 달 동안에 그녀의 얼굴이 달라졌다.

늘 감사하면서 살고 있는데 아버지가 자기를 보고 싶어 한다는 연락이 와서 찾아갔다. 문서 하나를 내어놓으면서 "딸아, 내가 새어머니 만나서 아들 셋, 네 동생들을 낳아 재산 다 나눠주고 네 새어머니는 돌아가시고 그 자식들이 날 싫어해서 양로원에 와서 산다. 내가 몰래 한 선산을 남겨 둔 것이 있는데 이 문서를 네게 주니 이것을 가지고 살아라."

"아버지 저와 같이 가서 삽시다." "아니다. 네가 나를 찾아준 것만도 고맙고 나를 아버지라고 불러준 것만도 고맙다. 부디 행복하게 살아라."

그래서 아버지를 얼싸 안고 울고 돌아왔는데, 며칠 후에 아버지가 돌아가시고 결국 그 말이 유언이 되었다. 그가 아버지를 원망하고 살던 수십 년의 인생을 청산하고 마음이 자유를 얻었을 때 그 인생 자체가 바뀐 것이다.

3. 묵상을 위한 질문

(1) 기브아 사람들과 창세기 19장에 있는 소돔 사람들이 갖고 있는 근본적인 문제점은 무엇인가?

(2) 베냐민 지파가 멸종당하지 않도록 하기 위해 취한 이스라엘 자손의 방법에 대해서는 어떻게 생각하는가?

(3) 사사시대 말기 이스라엘은 극도의 종교적인 타락과 도덕적인 타락상을 보여주고 있다. 사사기는 그 이유가 "이스라엘에 왕이 없었기 때문"이라고 함으로써 왕국의 필요성을 은연중에 강조하고 있는 것으로 보인다. 사사기가 꿈꾸고 있는 이상적인 이스라엘은 어떤 나라인가?

4. 결단에의 초청

헨리 나우웬은 하나님과 우리의 관계를 Spirituality로, 우리와 이웃과의 관계를 Hospitality로 이해했습니다. Spirituality는 우리말로 영성이고, Hospitality의 가장 적절한 우리말은 나그네 대접, 손님접대, 환대 등 여러 가지 의미가 있습니다.

어쨌든 Hospitality는 신앙생활에 있어서도 매우 중요한 요소입니다. "수고하고 무거운 짐 진 자들아 다 내게로 오라 내가 너희를 쉬게 하리라"(마태복음 11:28)는 예수님의 초청도 손님대접입니다. 예수님의 사역과 손님대접은 결코 떼어 놓을 수 없는 밀접한 관계를 갖고 있습니다.

이것은 구약시대 유목민 생활을 하던 이스라엘 민족의 나그네 혹은 손님접대의 미덕에서 시작된 것입니다. 그런데 이스라엘이 가나안 땅에 정착해 농경문화로 변화되고 도시를 이루면서 손님접대 같은 유목민 시절의 좋은 관습을 외면하기 시작했습니다. 그 결과 소돔과 고모라 사람들이 행했던 것과 같은 극심한 도덕적 타락이 이스라엘 백성 사이에도 일어나게 된 것입니다.

하나님은 이스라엘 백성이 가지고 있었던 신앙적 유산과 좋은 관습들을 잃어버리지 않기를 바라십니다. 백성으로 하여금 이와 같은 것을 지키고 보존하도록 하기 위해서 강력한 힘과 믿음을 가진 다윗과도 같은 왕이 필요하게 된 것입니다. 손님대접의 관점에 이민자들을 위한 올바른 국가정책, 다양한 인종과 언어를 가진 사람들과의 올바른 이웃관계 등도 이제는 성도들로서 진지하게 생각해 보아야 할 문제입니다.

www.ingramcontent.com/pod-product-compliance
Lightning Source LLC
Chambersburg PA
CBHW010918040426
42444CB00016B/3445